D0995327

Une Église de baptisés

*Pour surmonter l'opposition
clercs/laïcs*

Rémi Parent

Éditions Paulines & Éditions du Cerf

DU MÊME AUTEUR:

Condition chrétienne et service de l'homme. Essai d'anthropologie chrétienne, Héritage et Projet, 4, Montréal, Fides — Cogitatio Fidei, 74, Paris, Cerf, 1973.

L'Esprit vous rendra libres, en ces temps de Pentecôte, Montréal, Fides — Paris, Le Centurion, 1974.

L'Esprit Saint et la liberté chrétienne, Croire et comprendre, Paris, Le Centurion, 1976.

Communion et pluralité dans l'Église. Pour une pratique de l'unité ecclésiale, Héritage et Projet, 24, Montréal, Fides — Paris, Le Centurion, 1980.

L'Église, c'est vous!, Pastorale et vie, 2, Montréal, Éditions Paulines — Paris, Médiaspaul, 1982.

EN COLLABORATION:

Des ministères nouveaux? Une question qui se pose, Pastorale et vie, 5, Montréal, Éditions Paulines — Paris, Médiaspaul, 1985.

Composition et mise en page: *Les Éditions Paulines*

ISBN 2-89039-124-8 (Éditions Paulines)
ISBN 2-204-02735-9 — N° Éditeur 8379 (Éditions du Cerf)

Dépôt légal — 1er trimestre 1987
Bibliothèque nationale du Québec
Bibliothèque nationale du Canada

© 1987 Les Éditions Paulines
    3965, boul. Henri-Bourassa est
    Montréal, Qc, H1H 1L1

    Les Éditions du Cerf
    29, bd Latour-Maubourg
    75340 Paris

*À Lise Baroni, Yvonne Bergeron,
Nicole Bouchard, Simon Dufour,
Jean-Marc Gauthier, André Myre et
Gilles Raymond.*

Ces membres du collectif Krisis,
*en me faisant le cadeau de leur amitié,
m'apprennent une intelligence amoureuse
et un amour intelligent.*

AVANT-PROPOS

J'ai longtemps hésité avant de me lancer dans l'écriture de ce livre. Deux raisons m'y ont finalement poussé.

La première a été déterminante. Depuis plusieurs années, et dans tous les lieux d'Église où j'ai été appelé à rendre des services, un cri est constamment monté, parfois proche de la colère, menacé d'impatience, le plus souvent cri de cœurs lourds, frustrés dans leurs aspirations les plus légitimes; cri de personnes et de communautés qui n'en peuvent plus d'être constamment sous tutelle, dont la condition laïcale semble leur interdire de vivre pleinement cette Église à laquelle, pourtant, elles continuent de tenir presque désespérément. Et la réponse qui leur vient est ordinairement sans promesse d'avenir, elle a si peu de consistance qu'elle est elle-même un cri. Sommes-nous pour toujours condamnés à ce dialogue impossible, démobilisateur à la longue, où l'un des partenaires ne fait que nourrir la frustration de l'autre? Entendra-t-on enfin les questions qui tentent de se formuler dans le cri de tant de laïcs? Laissera-t-on seulement la chance à ce cri de devenir question?

Et voilà la deuxième raison qui m'a incité à prendre la plume. La pratique de la théologie m'a fait perdre beaucoup d'illusions sur les réponses qu'elle prétend apporter. Mais j'ai aussi appris qu'il n'est pas du tout honteux de consacrer sa vie à tenter de poser les bonnes questions, ou de poser les questions au bon endroit. Y a-t-il une autre manière d'entrer progressivement dans la fabrication de réponses qui, faute de jamais être pour toujours satisfaisantes, en attendant font vivre, fabriquent de la vie? Attelé à une tâche à la fois impossible et strictement nécessaire, le théologien rend-il un meilleur service que lorsque, cheminant avec ses frères et sœurs, il assume avec eux la commune condition des quêteurs du Dieu de Jésus Christ? Toujours est-il que mes petites réponses à ces interrogations ont suffi pour que je me décide à dire ce que je pense sur l'état présent des relations clercs/laïcs, et sur les voies qui me semblent promettre un certain avenir à l'Église d'aujourd'hui.

Je ne veux donc pas nier l'apport de mes réflexions antérieures et, plus généralement, de tout le travail auquel m'a invité mon métier de théologien. Mais ont pesé encore plus lourd, parmi les motivations, les nombreuses expériences ecclésiales que j'ai vécues ici et là, tout ce que je peux connaître de l'état présent de mon Église.

Ce livre est dur pour les clercs et le cléricalisme, car ils s'arrogent une place ecclésiale injustifiée et intolérable. Par contre, je connais plusieurs prêtres et des évêques dont l'esprit de service est tout à fait admirable. Ils sont d'ailleurs les premiers à déplorer l'étroitesse des structures cléricales présentes, la faible marge de manœuvre que ces structures leur laissent. On peut donc condamner le cléricalisme tout en reconnaissant la légitimité du ministère ordonné. D'ailleurs, je sais trop que toute critique n'est justifiée que dans la mesure où elle jaillit des exigences de l'amour.

Ce livre a une histoire déjà relativement longue. Il y a quelques années, lors de la préparation d'une conférence sur l'Église, une intuition est née, qui avait la fragilité et la puissance dynamisante de toutes les intuitions: *la question précise du laïcat est mal posée, elle restera donc sans réponse, tant et aussi longtemps qu'on ne mesurera pas mieux ses relations avec la totalité de notre mentalité religieuse contemporaine.* Sans perdre de sa force, l'intuition a progressivement quitté le flou dans lequel elle baignait, elle a pris assez de contenu pour devenir une vraie question, ressaisie un peu partout à l'occasion de cours ou de conférences, et dans tous ces lieux où l'Église m'invitait à être Église. Puis, à l'occasion d'un séminaire de recherche, cette question s'est dépliée, déployée, elle s'est problématisée: *la structure présente de la relation clercs/laïcs reflète et nourrit toutes les relations qui constituent notre paysage religieux, depuis nos rapports à Dieu jusqu'à nos rapports au monde.* Le premier chapitre dira le sens de ce qui est ici trop rapidement affirmé. Mais voilà ce que je présente aujourd'hui: une problématique. Rien de plus. Rien de moins non plus, étant entendu qu'un désaccord sur un point ou un jugement particuliers n'entraîne pas automatiquement une condamnation de l'ensemble de la problématique.

Les formulations que je viens d'employer disent assez mon objectif et ses limites: je veux seulement servir *un déplacement de la question*. La théologie s'acharne trop à comprendre chaque réalité de la vie chrétienne comme si elle constituait un tout autonome. Concernant le laïcat, par exemple, tous les efforts de la réflexion iront vers lui comme vers un en-soi indépendant, alors qu'il n'existe que *dans ses relations* au clergé. Cessera-t-on enfin de considérer le clergé *puis* le laïcat, de braquer l'attention sur l'un *ou* sur l'autre? Que d'efforts inutilement dépensés! Que de frustrations aussi: la réponse ne cesse d'échapper. Mais si la réponse est aussi insaisissable, ce n'est pas en vertu des complexités légitimes de la vie; c'est que la question est elle-même mal posée. L'attention doit glisser vers les *relations* qui jouent entre clergé et laïcat. Alors, peut-être, certains nœuds qui étouffent la vie de l'Église commenceront-ils à se dénouer.

On prépare la tenue d'un synode sur le laïcat. Même si mon projet d'écriture est né bien avant l'annonce de ce synode, on comprendra l'intérêt que je porte à ce proche événement. Au moment où j'écris ces lignes, Rome a fait parvenir aux différentes Églises un texte intitulé *Vocation et mission des laïcs dans l'Église et dans le monde vingt ans après le concile Vatican II. Lineamenta.* Je confesse avoir été doublement attristé à la lecture de ce texte. Il m'est d'abord apparu d'une navrante pauvreté théologique, cousu de citations de Vatican II mais étranger aux grandes intentions conciliaires, et faisant ainsi courir à l'Église le risque de reculer des décennies en arrière. Pire encore, j'ai été surtout frappé par sa mauvaise abstraction, une sorte d'intemporalité qui se paie des exhortations enthousiasmantes et n'entend même pas les vraies questions auxquelles les laïcs sont

9

concrètement confrontés dans la vie vécue, dans leurs relations quotidiennes avec les clercs. Je sais l'allure prétentieuse de ces jugements. J'espère seulement que le livre montrera qu'ils ne sont pas sans fondement.

La formulation de mon hypothèse aura peut-être fait comprendre pourquoi, tout au long de l'écriture de ce livre, j'ai pu me sentir à l'étroit. En fait, j'ai dû assumer constamment quatre contraintes.

Je tiens à dire la première contrainte le plus clairement possible, ne serait-ce que par honnêteté intellectuelle. Pour que le projet soit viable, j'ai dû m'imposer des limites auxquelles devront maintenant consentir les lecteurs et les lectrices éventuels. Mon objectif premier est de *poser la question* du laïcat, en la déplaçant par rapport aux manières habituelles. Si je n'avais pas cru que cela vaut la peine d'être montré, et qu'on prenne le temps de la démonstration, je n'aurais pas investi tant d'efforts dans l'écriture de ce livre. Mais on soupçonnera qu'une fois désarticulée la logique des relations dont nous avons l'habitude, une fois la question posée, reste l'immense travail de réarticulation. Certaines façons de voir les relations à Dieu, par exemple, peuvent être jugées chrétiennement inacceptables sans que soient niées, pour autant, l'existence de Dieu et la possibilité d'entrer en relation avec lui. De la même manière, on verra que plusieurs approches du «sacerdoce des prêtres» me paraissent irrecevables; cela ne veut pas dire que je refuse toute place au presbytérat et à l'épiscopat dans la vie de l'Église. En un mot: on sera forcément déçu si, entreprenant la lecture de ce livre, on en attend la proposition d'une anthropologie chrétienne réarticulée de manière neuve et tout à fait cohérente. Bien sûr, je suggère des pistes d'avenir. J'ai cependant dû consentir moi-même, pour ne pas me perdre dans une trop vaste entreprise, à ne pas pousser trop loin le travail de reconstruction. Je croyais bon d'indiquer, dès le départ, ces inévitables limites.

Ma problématique, en elle-même, conduit forcément vers des champs d'investigation où je dois travailler avec des compétences très limitées. En effet, elle interroge nos conceptions de Dieu, de Jésus Christ, de l'Église, etc., sans que je puisse prétendre avoir, sur chaque point, une assez grande maturité de réflexion. Je travaille surtout dans le champ de l'ecclésiologie et de la théologie du ministère ordonné. C'est donc à partir de là que j'adresse mes questions aux spécialistes de la théologie, de la christologie, et de chacun des autres domaines touchés. J'ai donc dû me refaire constamment la conviction suivante: mes réponses peuvent souvent paraître ou être courtes, sans que mes questions, si ce sont de bonnes questions ecclésiologiques, cessent pour autant d'être intelligentes et intéressantes. D'ailleurs, des années de réflexion m'ont tellement appris que tout se tient! Et que tout se tient dans l'interrogation, autant que dans nos tentatives de réponse.

La troisième contrainte vient de ce que, tentant de dire une mentalité générale, je dois fonctionner à l'intérieur d'une logique dont je pense avoir perdu l'habitude. L'analyse de notre mentalité religieuse m'a fait constamment retourner à un schéma qui, allant de *Dieu* au *monde* en passant par *Jésus Christ,* les *prêtres,* la *Messe* et l'*Église,* met en branle un mouvement à l'intérieur duquel je me sens à l'étroit. On le comprendra sans doute mieux à la lecture du livre. J'ajouterai cependant que la démarche avait l'avantage de fournir à la réflexion des repères clairs, chaque thème pouvant faire l'objet d'un chapitre distinct. De toute façon, avons-nous jamais le droit de nier ce qui est, l'état réel de l'Église, de l'ecclésiologie et des structures ecclésiales présentes par exemple, au bénéfice de ce qui devrait être, ou, plus justement, au bénéfice de ce que la vie propose déjà sans le dire avec la clarté des choses évidentes?

La quatrième contrainte, au premier regard, semble n'être que de vocabulaire. J'espère que le livre dira qu'il s'agit d'autre chose que d'un problème de mots. Il m'est en effet difficile, et théologiquement impossible, de parler de *clercs* et de *laïcs.* Ces deux termes renvoient à un type de relation qui, d'elle-même, fait exister les clercs et les laïcs *comme* clercs et laïcs. Récusant la relation, comment serais-je encore à l'aise avec chacun de ses deux termes? Pour dire grossièrement les choses: je pense que l'avenir du clergé et du laïcat, c'est que les clercs cessent d'être des clercs, et que les laïcs cessent d'être des laïcs. Parce que le livre, de bout en bout, analyse une structure où il y a encore des clercs et des laïcs, j'étais bien obligé de maintenir jusqu'au bout le vocabulaire. Propos plus difficile encore, je n'ai jamais voulu quitter une Église réelle qui est ce qu'elle est, même si je souhaite ardemment qu'elle devienne autre chose.

On devinera peut-être que cette fidélité, au-delà des mots et tout en étant le contraire de la conformité, constitue, pour moi, une condition essentielle pour une véritable conversion de l'Église. Suis-je un bon serviteur de cette conversion? Arrive un moment où la seule parole valable est celle du silence. Mais il ne faut surtout pas se taire trop tôt. Tous et toutes doivent prendre et reprendre la parole, crier s'il le faut, afin que l'abandon à l'indicible ne soit pas une démission devant les défis de l'histoire. J'espère seulement que mon livre servira cette prise de parole et, à long terme, à très long terme, un silence rempli de vie. Prendraient alors sens le poids de la marche, le labeur de la réflexion et de l'écriture, et, surtout, les lourdeurs d'un consentement à la vraie vie.

Chapitre premier

LES DIMENSIONS
D'UNE QUESTION

Dans la vie et l'organisation ecclésiales d'aujourd'hui, une foule des difficultés concrètement vécues renvoient au binôme *clercs/laïcs*[1]. Du plus large au plus restreint, tous les champs où se vit l'Église sont touchés. La grande Église en est secouée: qu'on songe seulement, pour ne prendre qu'un exemple, aux appels lancés par des femmes de plus en plus nombreuses qui n'acceptent plus d'être comme «condamnées au laïcat» du seul fait de leur identité sexuelle. En des limites plus étroites, le problème se pose avec acuité aux diocèses et aux paroisses. Plusieurs tentent de faire une place plus large aux laïcs; mais c'est souvent au prix de tensions qui, dans les meilleurs des cas, font que la vie ecclésiale n'a plus la calme évidence des choses d'autrefois, et, au pire, virent en des conflits dont on craint qu'ils ne soient mortels pour la vie de l'Église diocésaine ou paroissiale. Les communautés plus restreintes, surgies d'une manière remarquable ces dernières années (en Amérique latine par exemple), échappent-elles à ces tiraillements? Au contraire, elles deviennent inévitablement une

---

1. On sait les difficultés de la grammaire française concernant le masculin et le féminin, difficultés qui cachent sans doute des problématiques plus profondes qu'une simple question d'ordre grammatical. J'ai voulu que mon texte parle le plus possible au masculin et au féminin. Mais il ne fallait pas rendre ce texte illisible; on comprendra donc que le terme *laïcs* désigne à la fois les hommes et les femmes laïcs.

sorte de laboratoire où clergé et laïcat sont forcés de repenser leurs relations et d'ouvrir, sans itinéraire prédéfini, de nouvelles voies au vivre-ensemble ecclésial.

En bref, le couple clercs/laïcs fait problème[2]. On ne compte d'ailleurs plus les livres et articles consacrés aux secousses de ce ménage. Il devrait cependant suffire, pour le moment, de renvoyer chacun à sa propre expérience: qui, aujourd'hui, serait incapable de trouver des faits illustrant le malaise dont il est ici question? Nous en sommes à un point où personne ne peut échapper aux interrogations qui se posent, peu importe la réponse qui se profère dans nos consciences ou nos inconsciences[3].

Mais prend-on toute la mesure des défis à relever? Nous avons toujours les réponses que nos questions méritent. Plus correctement: pour entrer dans la fabrication de voies qui ouvrent vraiment l'avenir, il faut d'abord entrer dans le monde souvent inquiétant de l'interrogation. En ce qui concerne les relations clercs/laïcs, je ne crois pas qu'on entend toujours bien les requêtes contemporaines. Pour ma part, je distinguerais *trois niveaux* de problématisation, le troisième étant le seul qui dégage tout l'espace nécessaire à un déploiement satisfaisant de la question. Au premier niveau, les difficultés vécues entre les clercs et les laïcs sont vues comme des difficultés *de fonctionnement*. On élargit grandement la problématique dès que, à un second niveau, on commence à soupçonner qu'il faut peut-être remettre en cause la *structure* même des rapports clercs/laïcs. Poursuivant alors sur cette foulée, on pénètre dans le troisième niveau, de loin le plus inquiétant: peut-on penser différemment le clergé et le laïcat, organiser leurs rapports d'une manière nouvelle, sans remettre en cause *la structure de tout l'univers religieux* dont nous sommes les héritiers? Je crois personnellement que notre fidélité à

---

2. Pour un ensemble pertinent de témoignages, d'analyses et de réflexions plus proprement théologiques, je renvoie à l'ouvrage collectif *Relations clercs/laïcs. Analyse d'une crise,* sous la direction de Michel-M. Campbell et de Guy Lapointe, Cahiers d'études pastorales 1, Montréal, Fides, 1985.

3. J'ajoute que si les instances romaines ont enfin ressaisi la question du laïcat et la proposent à l'attention du prochain synode, c'est bien qu'elle se pose dans tout le monde catholique et dresse des défis désormais inéluctables.

Jésus Christ et à l'Église exige que l'interrogation se rende jusque-là. Mais cela ne va pas de soi, et il faut reprendre avec plus d'attention un trajet dont je viens de marquer les trois grands moments.

Premier niveau: **Des difficultés de fonctionnement**

Une première façon de considérer les difficultés qui sont vécues dans les relations clercs/laïcs, c'est de les voir exclusivement comme des problèmes de *fonctionnement.* On vit dans un certain type d'organisation ecclésiale, avec une certaine distribution du pouvoir et des responsabilités entre clercs et laïcs, et cette organisation ne fonctionne pas très bien. L'enjeu, dès lors, se dessine clairement: il faut *améliorer* le fonctionnement de l'organisation.

Pour une amélioration des relations clercs/laïcs

Ou je me trompe beaucoup, ou c'est ainsi qu'on pose très généralement la question. Ressaisissons celle-ci au plan de la vie paroissiale. Pour l'immense majorité des chrétiennes et des chrétiens d'aujourd'hui, en effet, l'Église prend encore et quasi exclusivement le visage de leur paroisse, et c'est d'abord là que se vivent concrètement les difficultés auxquelles je faisais allusion, là que les relations entre le clergé et le laïcat apparaissent distendues, quand elles ne sont pas carrément coupées. Point n'est besoin de référer ici au folklore ecclésial, à ces luttes ouvertes dont chacun a entendu parler et qui ont fait jadis se dresser, l'un contre l'autre, tel curé et tel(s) paroissien(s). En un sens, les tensions se sont aujourd'hui banalisées. Elles n'en déchirent pas moins le tissu de la vie ecclésiale. Il est clair, par exemple, qu'elles ont contribué à cette sorte d'hémorragie silencieuse qui a vidé les églises paroissiales. Les insatisfactions continuent pourtant de monter. Les laïcs se plaignent d'une liturgie où le prêtre fait tout et qui sécrète l'ennui, d'homélies insignifiantes, et plus globalement d'une vie paroissiale sur laquelle le curé a la mainmise. Plusieurs curés et vicaires, pour leur part, reprochent leur passivité à des laïcs qu'ils ne réussissent pas à faire bouger, une sorte de paresse ecclésiale qui les empêche de consacrer, au service des organismes paroissiaux, des énergies qui s'activent généreusement ailleurs, etc. De toute évidence, quelque chose ne *fonctionne* pas très bien. Tant les prêtres que leurs paroissiens sont donc contraints de conclure qu'il faut (et le défi présente partout une urgence certaine) *améliorer* le *fonctionnement* de la vie paroissiale. Ici, on mettra sur pied un comité qui conseillera le curé et les vicaires dans l'établissement des priorités pastorales. Là, pour libérer des prêtres de plus en plus surchargés ou pour un meilleur partage effectif des responsabilités, on confiera à des laïcs la préparation au baptême et à la confirmation. À la Messe, on fera monter des laïcs dans le sanctuaire pour la proclamation de la Parole et divers autres services. Dans les paroisses les plus audacieuses, les prêtres iront même jusqu'à confier l'homélie à un(e) non-prêtre, dans l'espoir que la Parole cessera d'être insignifiante et se mariera mieux à ces innombrables petites paroles qui conjuguent la vie humaine au présent. En bref, d'immenses énergies se dépensent pour que s'améliorent la vie paroissiale et les rapports entre le clergé et les fidèles.

Disons que, d'une manière générale, on pose le même diagnostic aux autres paliers de l'organisation ecclésiale, et les remèdes suggérés sont du même ordre. Quelques rencontres tout à fait épisodiques avec leur évêque ne suffisent pas pour que les diocésains mettent un visage derrière son nom, si seulement ils connaissent ce nom! On s'attachera donc à favoriser des contacts plus fréquents et une meilleure connaissance réciproque; plusieurs bulletins diocésains, par exemple, donnent désormais l'agenda des grandes activités pastorales de leur évêque. Croit-on que Rome comprend mal les requêtes qui montent des Églises diocésaines et nationales? Certaines Conférences épiscopales s'en sont plaint, poliment mais avec un courage certain. On demande alors que soit amélioré le mouvement entre ces deux pôles, en tirant un profit maximal, en particulier, des incroyables moyens de communication que la technique moderne met à notre disposition.

Ces illustrations sont rapidement évoquées, et leur analyse

manque de raffinement. Telles quelles, cependant, elles devraient suffire pour que chacun retourne à sa propre expérience et nomme, pour son propre compte, des situations où les problèmes de vie ecclésiale sont réfléchis selon la logique que je viens de dire. Ce qu'il faut ici retenir paraît finalement assez simple. Devant les difficultés qui sont vécues dans les rapports entre clercs et laïcs, on pose le *diagnostic* suivant: c'est le *fonctionnement* de ces rapports qui fait problème. L'*enjeu* se dessine donc clairement et est défini en termes d'*amélioration*. Mais ajoutons un point, d'importance capitale pour la suite de la démarche. On veut bien améliorer le mode selon lequel pouvoir et responsabilités sont aujourd'hui distribués entre clercs et laïcs, *mais tout en respectant le mode selon lequel ces relations sont présentement structurées*. Logiquement, en effet, le langage de l'amélioration suppose qu'on ne remet pas en cause ce qui doit être amélioré; on se contente de corriger les malfonctionnements et de perfectionner l'organisation. En ce qui concerne les relations clercs/laïcs, on les purifiera, mais *telles qu'elles se structurent présentement*. Distribuent-elles d'une certaine manière le pouvoir et les responsabilités dans l'Église? Cette distribution doit être améliorée..., et donc fondamentalement respectée! On ne remet donc pas en cause la structure présente des rapports.

Deux caractères de cette approche

Cette façon de voir les choses a de multiples implications. Je me contente de souligner *deux caractères* qu'elle donne inévitablement à toute démarche qui tente de changer quelque chose à l'état présent des relations clercs/laïcs.

Elle «*spiritualise*» les enjeux et, à la limite, se fait volontiers *moralisatrice*. Plutôt que d'affronter à leur niveau les problèmes d'ordre structurel, on saute ainsi dans un champ tout autre de problématisation. De mille manières, par exemple, on laisse entendre ou on affirme clairement que tout irait beaucoup mieux dans l'Église si les prêtres étaient plus saints, si les évêques et le pape étaient plus ouverts, si le clergé priait plus, se dépouillait de richesses qui sont un scandale. Pour tout dire: la vie ecclésiale s'améliorera le jour où chaque clerc adoptera des attitudes et comportements qui révèleront un peu mieux cet « autre Christ » qu'il est devenu par son ordination. On spiritualise et on moralise tout autant à propos du laïcat. Les laïcs manquent de générosité; voilà qui explique leur inertie, la mollesse de leur engagement en Église. Osent-ils, au contraire, affirmer comme un droit et une responsabilité leur prise en charge de la vie paroissiale? C'est qu'ils se laissent pervertir par des idéaux démocratiques qu'ils empruntent aux derniers courants à la mode, et qui ne peuvent être conformes à la nature hiérarchique de l'Église. Pire encore: le relâchement moral de notre civilisation, surtout dans le domaine de la sexualité, les a pris en otage, et voilà pourquoi ils se dressent contre la morale officielle en des domaines comme le contrôle des naissances, les relations pré-maritales, l'homosexualité, etc.

La deuxième implication est encore plus néfaste. L'expérience montre comment, si le seul défi est d'améliorer les rapports présents entre clercs et laïcs, on compartimente inévitablement la vie ecclésiale en *individualisant* les questions. Tant qu'on ne remet pas en cause la structure, les «vraies» interrogations porteront sur *chacun* des deux pôles et non sur le réseau complexe où se joue le sort de leurs rapports mutuels.

«Diviser pour mieux régner», semble présupposer la dynamique de l'amélioration. Je sais que la question soulevée est considérable. Elle est toutefois déterminante pour l'avenir de l'Église, et personne n'a le droit de la taire ou de la faire taire. Elle concerne aussi bien la réflexion théologique que la vie ecclésiale dans ce qu'elle a de plus quotidien. Parlant d'abord du clergé, j'en risquerai deux illustrations, chacune puisée dans l'un de ces deux champs (vie et réflexion). Les prêtres et les évêques ont fourni des efforts considérables, surtout depuis Vatican II, pour définir avec plus de netteté les traits de leur identité. Sessions de pastorale, recyclages théologiques, regroupements de prêtres qui vont parfois jusqu'à la cohabitation, mise en marche de conseils presbytéraux et de différentes commissions épiscopales, rencontres synodales, etc.: la liste est longue des initiatives qui ont été prises, et sans mesure les énergies dépensées. Et pourtant, la «crise d'identité sacerdotale» semble persister. Ne serait-ce pas parce que toutes ces initiatives ont rassemblé les prêtres et les évêques *entre eux*? Retrouveront-ils le sens spécifique de leur service, aussi longtemps qu'ils ne *vivront* pas au sein d'une véritable communauté où ils seront d'abord des croyants *avec* d'autres personnes croyantes? — Sur le deuxième plan, celui de la réflexion théologique, je porte la même question. Et je formule les mêmes réserves à propos de l'énorme littérature qui a été consacrée, depuis environ trente ans, au «sacerdoce» des prêtres et des évêques. La théologie s'est vouée à l'échec chaque fois qu'elle a considéré ce sacerdoce comme un en-soi, d'une façon «nombriliste» et individualisante. Et les seules entreprises qui promettent une certaine libération sont celles (très rares) qui tentent de réfléchir le service des prêtres et des évêques *dans ses liens* avec le sacerdoce baptismal.

On pourrait en dire autant de l'autre pôle, et se demander à quoi peuvent bien conduire les efforts de revalorisation du laïcat, tant et aussi longtemps qu'on ne le redéfinit pas (théoriquement mais aussi dans la pratique de la vie ecclésiale) *dans les relations* qu'il entretient avec le clergé[4].

Toutefois, l'individualisation des questions est encore plus manifeste quand il s'agit de relations plus courtes. Une difficulté surgit-elle dans certaine paroisse? On l'attribuera presque toujours au malfonctionnement de *tel* prêtre, à l'entêtement de *tel* ou *tel* paroissien, elle est essentiellement le fait de tel individu ou de tel groupe d'individus. Et si c'était l'organisation présente des paroisses qui structurait les relations entre laïcs et prêtres de telle manière que ces relations feront toujours problème? Ou, inversement, si c'était les *rapports* présents entre clergé et laïcat qui façonnaient un type de paroisse où les uns et les autres sont comme condamnés, a priori, à des tensions et à des affrontements stériles? Ce type de questions est évidemment inacceptable pour

---

4. Voilà bien la première question qu'il faut poser à *Vocation et mission des laïcs dans l'Église et dans le monde vingt ans après le concile Vatican II*, ces *Lineamenta* venus de Rome pour la préparation du prochain synode. Quand je référerai désormais à ce texte, je le désignerai simplement par son sous-titre (*Lineamenta*) et je citerai l'édition française de la Typographie polyglotte vaticane.

ceux et celles dont la préoccupation se limite à améliorer le fonctionnement de ce qui existe déjà.

Deuxième niveau: **Une question de *structures* ecclésiales**

Il faut quitter le langage de l'amélioration, et surtout la logique dans laquelle il étrangle nos problématiques ecclésiologiques. La vie a suffisamment fourni la preuve que, de ce côté-là, l'avenir (tant des clercs que des laïcs) est bouché. Bien sûr, il y aura toujours place pour une amélioration et personne ne sera jamais assez saint. Mais comment ne pas constater, d'une part, qu'une foule de laïcs commencent à expérimenter des difficultés de relation avec le clergé *au moment même* où ils se font plus «généreux», le jour où ils décident de consacrer temps et énergie à la vie paroissiale ou diocésaine, ou quand ils répondent à l'invitation qui leur est lancée de porter le souci de toute l'Église? Par ailleurs, il faut être myope, faire une lecture bien courte de l'histoire de l'Église, pour refuser de reconnaître que le clergé actuel est tout à fait exemplaire quand on le compare au clergé de certains siècles passés.

La question doit se déplacer. Mais dans quelle direction? Sommes-nous tout à fait démunis dans notre quête d'une orientation possible? Une voie s'est ouverte quand j'ai, au moins implicitement, refusé d'*individualiser* les questions. Il ne suffit pas, en effet, de travailler sur un pôle *ou* sur l'autre, de repenser le clergé *ou* le laïcat comme si chacun constituait une réalité autonome, un en-soi dont l'avenir ecclésial se débloquera indépendamment de l'autre pôle. Les difficultés surgissent *au cœur même des relations* qui jouent entre clercs et laïcs, et c'est là que l'attention doit se porter, là que des correctifs doivent être éventuellement apportés. Plus précisément: c'est la *structure présente* de ces relations qui requiert l'attention, et rien ne changera dans la vie ecclésiale aussi longtemps qu'on refusera de porter les interrogations en ce lieu précis[5].

---

5. La suite de ma réflexion montrera pourquoi je reprends si volontiers cette définition de B. Sesboué: «Le terme de structure évoque avec plus de

Pour dire clairement les choses: un *vice structurel* grève les rapports clercs/laïcs. Un vice qui, indépendamment des bonnes ou mauvaises volontés réciproques, pré-définit un lieu ecclésial et ecclésiologique pour chaque terme, et prédétermine un certain type d'attitudes et de comportements qu'on est en droit d'attendre du clerc ou du laïc. En parlant d'un vice structurel, on n'évoque donc pas quelque problème théorique dont sont seuls friands les esprits perdus dans l'univers d'une abstraction démobilisante. C'est d'une certaine organisation concrète de l'Église qu'il est ici question, idéologiquement justifiée par une certaine théologie de l'Église, et qui commande un certain type de relations entre les clercs et les laïcs. Des relations qui sont *d'avance* viciées, d'où les uns et les autres sortiront blessés, inévitablement et malgré la meilleure des bonnes volontés. Il faut donc, de toute évidence, tenter de nommer ce vice. Trois moments préciseront progressivement la question qui cherche ici à se dire.

Un texte significatif

Pourquoi tant de prêtres et d'évêques se sentent-ils *personnellement* attaqués dès qu'on interroge l'organisation présente de l'Église? Et pourquoi tant de laïcs trouvent-ils injurieux pour l'Église la moindre critique faite au clergé, surtout au pape? Sans doute parce que tous et toutes ont grandi dans une Église où ces questions n'étaient même pas formulables. Voilà qui suggère comment le texte que je vais maintenant citer, s'il date du début du siècle, parle du présent, de l'état actuel de l'Église, et de l'idée qu'on se fait encore de l'Église. Il faudrait inventer une nouvelle

---

rigueur (que ceux d'*idée* ou d'*essence*), dans la recherche récente des mathématiques et des sciences humaines, *une totalité organique d'éléments qui entretiennent entre eux un jeu de relations tel que le déplacement ou la modification de l'un entraîne inévitablement le déplacement ou la modification des autres*. (...) La cohérence et l'intelligibilité (de la structure) sont donc toujours à chercher dans le cadre de son unité totale. De même, si un élément est pris pour le tout, ou si à l'inverse il cesse de fonctionner, la structure s'effondre» («Ministères et structures de l'Église», in *Le ministère et les ministères dans le Nouveau Testament,* Parole de Dieu, Paris. Seuil, 1974, p. 349. Les italiques sont de moi).

conjugaison, qui serait le «passé-présent»! Une fois délesté de certaines expressions qui répugnent spontanément, un texte de Pie X introduit clairement dans l'univers à explorer, dont on verra bien plus tard qu'il continue d'être notre univers. Pie X écrit:

> «L'Église est, par essence, une société inégale, c'est-à-dire comprenant deux catégories de personnes, les pasteurs et le troupeau, ceux qui occupent un rang dans les différents degrés de la hiérarchie et la multitude des fidèles. Et ces catégories sont tellement distinctes entre elles que dans le corps pastoral seul résident le droit et l'autorité nécessaires pour promouvoir et diriger tous les membres vers la fin de la société. Quand à la multitude, elle n'a d'autre droit que celui de se laisser conduire et, troupeau fidèle, de suivre ses pasteurs» *(Vehementer Nos).*

La simple lecture de ce texte rend un son étrange à des oreilles qui ont entendu un discours différent à Vatican II, elle engendre un malaise. Mais un malaise n'est pas une question. Il vaut donc la peine de détailler la vision ecclésiologique de Pie X, ne serait-ce que pour aider le malaise à devenir question. Cinq points, en particulier, promettent de donner du contenu au vice structurel que j'essaie de cerner.

1.   L'Église est «une société *inégale*», et voilà le premier point à retenir. Dans la société-Église, il y a (si l'on veut respecter la logique du schème de l'inégalité) des *plus* et des *moins,* un *haut* et un *bas,* ces binômes situant ecclésialement «deux catégories de personnes». Les relations entre clercs et laïcs devront donc respecter les lois et implications de cette inégalité. C'est dire qu'*avant* même que se nouent des relations entre clergé et laïcat (et, je tiens à le redire, indépendamment des bonnes ou mauvaises volontés réciproques), on est en droit de *s'attendre à* ce que ce soit les relations d'un *plus* qui est *en haut* par rapport à un *moins* qui est *en bas,* et vice versa.

2.   *En haut* se situent «les pasteurs», les membres «de la hiérarchie», «le corps pastoral». Si le pape, les évêques et les prêtres occupent une telle place dans la vie et l'organisation ecclésiales, c'est qu'en eux s'épuisent «le droit et l'autorité

nécessaires pour promouvoir et diriger tous les membres vers la fin de la société». Leur est donc confiée la responsabilité de l'Église, sa fidélité à la fin qu'elle poursuit.

3. «La hiérarchie» est elle-même hiérarchisée: elle comporte «différents degrés». Quitte à le démontrer tout au long de la réflexion, on se meut ici à l'intérieur d'un système extrêmement logique et cohérent. On peut donc présumer que le pape, les évêques et les prêtres, occupant des «rangs» différents dans la hiérarchie, entretiendront eux aussi des rapports d'«inégalité», les rapports d'un haut et d'un bas.

4. Le *bas* ecclésial, c'est «le troupeau», «la multitude des fidèles». Quel est son droit? Il n'en a pas d'autre que celui de «se laisser conduire»; sa responsabilité ecclésiale et sa fidélité à l'Église se réduisent ainsi au devoir qui lui est fait de «suivre ses pasteurs». Son seul droit est donc un droit à la passivité.

5. Enfin, les rapports d'inégalité sont commandés par «l'*essence*» même de l'Église, et ce point mérite d'être souligné avec force. L'inégalité n'est pas une question d'aménagement historique, valable pour un temps mais susceptible de correction et, à la limite, de disparition. Selon Pie X, l'inégalité relève de la *nature* de l'Église, elle constitue un élément essentiel de sa définition. Selon cette logique, et malgré qu'on puisse en être choqué, on est donc en droit d'affirmer ceci: l'Église n'est plus fidèle à elle-même, elle nie sa nature et disparaît comme Église, dès que sont niés et disparaissent les rapports d'inégalité entre les pasteurs et le troupeau.

Un mouvement exclusivement déductif

Cette dernière remarque suggère bien l'ampleur de la question à laquelle on s'attaque lorsqu'on essaie de repenser les relations clercs/laïcs. Le regard rapide et superficiel jugera que cette question est seconde et secondaire. Par la profondeur de la justification idéologique qu'on a donnée à la structure présente des relations entre clercs et laïcs, toute question sur cette organisation conduit inévitablement à s'interroger, en fait, sur le cœur même de l'Église, sur sa nature[6].

Pie X est témoin d'un long passé, il reflète une mentalité générale qui s'est lentement forgée au cours des siècles[7]. Prenant acte de cette épaisseur historique, on peut avancer deux remarques qui sont d'importance pour la vie et la réflexion. D'une part, ce long passé a tellement marqué l'Église que chacun et chacune, comme je le suggérais plus haut, doivent sûrement le conjuguer... au présent! Nous sommes les enfants de cette tradition, dans nos rejets comme dans nos acceptations. Qui, sous prétexte de délivrer l'Église d'une vision jugée aliénante, peut prétendre avoir été lui-même libéré, d'une manière aussi rapide et pour toujours, de cela qu'il refuse et condamne? D'autre part, on comprend les réticences, et même la peur, que certains éprouvent dès qu'est remise en cause l'organisation présente des relations clercs/laïcs. C'est leur vision de l'Église qui est menacée; et le lien qu'ils ont établi entre leur vie et l'Église, si mince soit-il, fait qu'on est en train d'introduire un doute dans le sens même qu'ils ont voulu donner à leur existence.

Loin de décourager la démarche, cette deuxième remarque devrait la relancer; on ne vainc pas la peur en forçant arbitrairement au silence les questions qui la suscitent. Ultimement, les

---

6. Je rejoins encore une fois B. Sesboué. Précisant qu'il travaille sur les «structures», il n'en prétend pas moins viser le «mystère» de l'Église. Et il ajoute que son étude «se situe donc au niveau de l'ecclésiologie fondamentale; ce qui ne veut pas dire qu'elle traite d'une question abstraite sans impact sur la vie actuelle et future des communautés ecclésiales» (*ibidem*).

7. «On est passé d'un monde des objets à un monde du sujet. Il serait sot d'accuser les Pères et les grands Scolastiques d'avoir méconnu l'originalité de la personne. Saint Thomas dit qu'elle représente la forme la plus haute de l'être. Mais la grandiose méditation où il dit cela (*C. Gent.* IV, 11) est précisément typique de la façon ancienne et médiévale d'aborder les choses. *Elle consistait à les situer dans la grande chaîne hiérarchisée des êtres, et, dans cette suite ordonnée, à les interpréter en termes d'ontologie. Ainsi la personne libre et l'ordre éthique apparaissaient-ils comme objectivement normés par un ordre posé par Dieu, créateur et législateur*» (Y. CONGAR, *Ministères et communion ecclésiale,* Paris, Cerf, 1971, p. 236. C'est moi qui ai mis les dernières phrases en italiques).

interrogations portent donc sur la nature de l'Église. Plus immédiatement, cependant, elles touchent l'*identité ecclésiale* respective des clercs et des laïcs. Si cette identité se profile à partir de leurs relations, comment celles-ci sont-elles organisées, et quelle place font-elles à chaque membre du binôme dans la structure du vivre-ensemble ecclésial?

Identifiés au droit et à l'autorité, les clercs ont pouvoir de «promouvoir et diriger», ils sont investis de tout cela qui est nécessaire pour que la société-Église marche vers sa fin. Dans leurs rapports avec les laïcs, ils ne peuvent donc être ailleurs qu'*au début* de la relation. Par ailleurs, les laïcs sont au terme et *ne peuvent être qu'au terme* du mouvement, puisque leur *seul* droit est de se laisser conduire et de suivre les clercs. On a donc le schéma linéaire suivant: clercs ⟶ laïcs, la flèche indiquant un mouvement à sens unique.

Comme il est question d'«inégalité», et tenant compte des rangs qui situent les différents degrés de la hiérarchie, l'unicité de direction prend cette autre traduction spatiale:

pape
↓
évêques
↓
prêtres
↓
laïcs

On aura reconnu, bien sûr, le schéma ecclésiologique et le mode de fonctionnement d'une *Église pyramidale* et *cléricale*. Dès qu'on cesse de se laisser hypnotiser par chacun des termes, et qu'on considère plutôt le mouvement indiqué par les flèches, on voit que *ce mouvement ne va et ne peut aller que du haut vers le bas*. C'est en un tel sens qu'il faut parler d'un mouvement *exclusivement déductif*. Et voilà bien en quoi consiste le vice structurel que je tente de nommer. En haut, le clergé monopolise l'avoir (ils « possèdent » les « choses » de la foi), le savoir et le pouvoir, tandis que les laïcs, a priori, n'ont rien, ne savent rien et ne peuvent rien. Les clercs ont et peuvent donner; les laïcs n'ont pas et ne peuvent que recevoir. S'interroge-t-on suffisamment, par exemple, sur le fait que, concrètement, *tout* le pouvoir est encore aujourd'hui entre les mains de la hiérarchie, le pouvoir législatif, le pouvoir exécutif et le pouvoir judiciaire? Pourra-t-on revaloriser le laïcat sans toucher à ce qui semble être considéré comme une chasse-gardée du clergé? Mais quelle forme prendrait alors l'exercice du pouvoir dans l'Église? Autre illustration: pendant des siècles, le savoir théologique a été considéré comme le bien propre du clergé. Et le phénomène est très récent de laïcs enseignant dans les facultés de théologie; encore leur faut-il, dans les facultés canoniques, un mandat de l'évêque. Dans la confession catholique, on a même refusé aux laïcs un accès direct à l'Écriture, en empêchant, par exemple, que la Bible soit traduite en langues dites vulgaires.

On pourrait poursuivre indéfiniment le chapelet d'illustrations, écrire un catalogue des récriminations qu'expriment une foule de plus en plus nombreuse de laïcs. D'ailleurs, chacun peut probablement dresser sa propre liste de frustrations vécues. Qu'il suffise de redire ce qui a été affirmé plus haut et qui prend désormais des contours plus nets: on ne peut et ne pourra repenser le laïcat, lui donner une place ecclésiale chrétiennement plus juste, sans revoir la structure de ses relations au clergé. Car c'est très précisément *là* que se jouent les véritables enjeux, ceux qui ont quelque chance de transformer concrètement la vie de l'Église. Si la structure présente des rapports n'est pas changée, toute invitation à la responsabilité que les clercs lancent aux laïcs sera entendue comme une tentative de clergification du laïcat; effectivement, de plus en plus de laïcs sont conscients de cette menace, en particulier quand il est question d'un diaconat permanent et, plus largement, de ce qu'on appelle « les nouveaux ministères ». Un autre point, du coup, devient évident: rien n'est résolu, rien ne sera résolu, si on ne fait qu'*inverser les termes sans changer le mouvement*. On peut mettre les laïcs en haut et le clergé en bas, mais on ne fait que produire une nouvelle forme d'Église pyramidale, un nouveau cléricalisme: les clercs ne sont plus ceux qu'on désignait ainsi, mais se lèvent d'autres clercs, d'autres détenteurs du pouvoir, de l'avoir et du savoir, qui nourrissent le même type de logique ecclésiologique et de structure ecclésiale.

Un sujet et un objet de la vie ecclésiale

Ce qui vient d'être dit peut sembler apporter des résultats finalement assez minces. D'autres analyses, sans doute plus fines, ont déjà dénoncé ce vice d'une Église cléricale et d'une logique exclusivement déductive. Mais un autre pas est désormais permis. En quoi la structure dégagée est-elle ecclésialement viciée? En ce qu'elle engage des relations dont le clergé est le sujet, alors que les laïcs, ne pouvant que suivre et recevoir, sont réduits à la condition d'objet. Plus précisément: en ce qu'elle fait des clercs le seul véritable *sujet* de l'Église, et qu'elle condamne les laïcs à la condition d'*objet*.

Seul répondant actif de leurs relations avec les laïcs, les clercs constituent l'unique sujet actif et responsable (on excusera la tautologie: il n'y a pas de sujet qui ne soit actif et responsable) de l'existence historique de l'Église. Voilà une autre affirmation qui paraîtra banale, mais dont la portée est proprement immense si on en mesure toutes les implications. Il vaut donc la peine d'expliciter, au moins rapidement, trois caractères qui définissent les clercs dans leur condition de sujet de l'Église.

1. En tant que sujet, le pape, les évêques et les prêtres sont *habilités à conjuguer le verbe «être-Église» à la première personne de l'indicatif présent*. Ils peuvent dire: «*Nous sommes* l'Église.» La vie a tant ancré cette vue des choses dans les mentalités individuelles et collectives que le langage continue d'*identifier* Église et clergé. Telle émission télévisée, par exemple, portera sur la morale sexuelle de l'Église, sans qu'on demande une seule fois, tant chez les experts que dans le grand public participant, *qui* est le sujet définisseur de cette morale dite «d'Église», et alors que plus de la moitié des chrétiens qui interviennent se disent en désaccord avec cette morale. Encore aujourd'hui, d'ailleurs, on peut toujours présumer que si un article de journal est coiffé d'un

titre référant à l'Église, il portera concrètement sur les faits et gestes d'un membre (individuel ou collectif) du clergé: «*L'Église prend position...*»

2.   Sujet de l'Église, le pape, les évêques et les prêtres peuvent également affirmer: «Nous sommes *responsables* de l'Église.» On n'est pas un véritable sujet, si on n'est pas responsable de cela dont on se dit le sujet. Effectivement, et grâce en particulier à la concentration de pouvoir dont j'ai parlé, le clergé reste *le* responsable de la vie ecclésiale. Il pourra éventuellement «mandater» des laïcs, les inviter à «participer» à sa responsabilité; il ne fait, en cela même et comme le trahit déjà le vocabulaire, que confirmer l'exclusivité de sa propre responsabilité.

3.   Le troisième point est si important que toute la suite de la démarche en sera comme l'explicitation: les clercs sont le sujet *historique* de l'Église. Ils peuvent se référer à des principes atemporels, se réclamer de justifications anhistoriques, évoquer à l'occasion la «volonté de Dieu» pour justifier telle de leurs façons d'être et de faire; ils restent des êtres de chair et de sang, historiquement définis, et c'est de l'Église de l'histoire qu'ils sont concrètement le sujet historique.

Quant aux laïcs, ils ne sont ecclésialement rien. La logique déductive et la structure qu'elle justifie les condamnent au statut d'*objet passif* (autre tautologie). Les clercs ont tout, et les laïcs ne valent que par ce qui leur est donné et qu'ils reçoivent (leur «seul droit», disait Pie X, est de se laisser conduire et de suivre leurs pasteurs). Disons clairement les choses: l'identité ecclésiale des laïcs vient de leur capacité à aller chercher «ailleurs», dans le clergé, le sens de leur appartenance à l'Église.

Les catéchismes, de ce point de vue et pour ne prendre qu'une illustration, ont forgé des convictions si profondes que, là encore, ce serait magie si la mentalité ecclésiale en était aujourd'hui totalement libérée. Je vais citer le *Catéchisme de Poitiers* pour une seule raison: il a l'avantage de dire en une courte formule ce que les autres catéchismes prenaient beaucoup de temps à déployer. Par ailleurs, il faudrait reprendre ici ce qui introduisait plus haut le texte de Pie X: c'est d'un «passé-*présent*» que je parle en citant ce catéchisme, ainsi que j'aurai l'occasion de le montrer tout de suite. Le *Catéchisme de Poitiers* demande: «Comment savez-vous que vous êtes membres de la véritable Église?» La question porte bien sur l'*identité* ecclésiale des laïcs, sur la certitude qu'ils auront ou n'auront pas d'être vraiment «d'Église». On leur a appris qu'il fallait répondre: «Je sais que je suis membre de la véritable Église *parce que* je suis uni à mon curé, que mon curé est uni à l'évêque, qui est lui-même uni au pape[8].» Le «parce que» est clair: c'est dans la mesure où on se réfère à quelqu'un d'autre (le curé, puis l'évêque, puis le pape) qu'on peut savoir si on est membre de la vraie Église. Et voilà en quoi, selon moi, ce catéchisme parle de la mentalité présente: combien de chrétiennes et de chrétiens de notre temps ancrent spontanément l'Église dans leur acte de foi lui-même, acte qui est toujours personnel (ajoutons: et donc toujours communautaire) et ne peut jamais être passivement abandonné entre les mains de quelqu'un d'autre, quel qu'il soit?

Je sais d'expérience, puisque je cite souvent ce texte du *Caté-chisme de Poitiers,* l'étonnement et même les moqueries qu'il provoque aujourd'hui. La conscience ecclésiale, en un temps très court et particulièrement grâce à Vatican II, a connu des transformations telles que la réponse du catéchisme semble en ramener plusieurs à quelque obscurantisme lointain dont ils sont eux-mêmes sortis. Mais la moquerie n'est pas de mise, la question est grave et propose, en creux, un défi que nous sommes loin d'avoir relevé en cette fin du vingtième siècle. On a en effet longuement habitué les laïcs à une expérience de *désappropriation.* Ils ont appris à se connaître, ecclésialement, *par cela qu'ils ne sont pas* (c'est-à-dire: des clercs). Faut-il s'étonner qu'il leur soit encore si difficile, aujourd'hui, d'engager leur responsabilité dans l'existence et la vie de l'Église? Certains prêtres ou évêques sont choqués par la réticence des laïcs à accueillir une Église qu'on veut maintenant remettre entre leurs mains? Mais il est relativement facile de leur dire aujourd'hui: «L'Église, c'est vous!» Cette proposition rencontre cependant une désappropriation qui est

---

8. Cité par Yves Congar, *L'Église de saint Augustin à l'époque moderne,* Histoire des dogmes 20, Paris, Cerf, 1970, p. 457.

vieille de plusieurs siècles. Combien faut-il de temps pour passer de la condition d'*objet* à celle de *sujet*?

Un dernier point, et pas le moindre: dans la logique évoquée, la définition du laïcat *n'a pas et ne peut pas avoir de contenu positif.* Définis par d'autres, dans leur relation à cela (ou ceux) qu'*ils ne sont pas,* les laïcs cherchent en vain une spécificité qui dise positivement leur identité ecclésiale. Le constat en a été fait plusieurs fois: la notion du laïcat «était purement négative: le seul critère distinctif du laïc étant de n'être pas clerc, et de se définir par un défaut, non pas par un ministère propre[9]». Au-delà du constat, cependant, on peut avancer comme un principe que la quête d'identité des laïcs est proprement désespérante (parce que d'avance condamnée à l'échec), si n'est pas corrigé le vice que je viens de nommer, si n'est pas convertie l'organisation présente de leurs relations avec le clergé.

Le dernier concile a voulu tenter une définition positive du laïcat, dans le numéro 31 de *Lumen Gentium* par exemple. De fait, le premier paragraphe de ce numéro avance des «affirmations»... dont la seule faiblesse est qu'on voit mal en quoi elles ne concernent pas également les clercs. Par laïcs il faudrait en effet entendre «les chrétiens qui, étant incorporés au Christ par le baptême, intégrés au peuple de Dieu, faits participants à leur manière de la fonction sacerdotale, prophétique et royale du Christ, exercent pour leur part, dans l'Église et dans le monde, la mission qui est celle de tout le peuple chrétien». Ce passage affirme sans plus une manière qui serait propre aux laïcs («à leur manière»). Mais cela ne constitue pas une réponse, puisque voilà justement la question qui doit être posée: qu'y a-t-il de propre au laïcat, qui dirait sa manière à lui et définirait son statut ecclésial? Par son manque de contenu, cette phrase ne réussit donc pas à corriger le caractère négatif de cette autre phrase qui la précède immédiatement, et qui illustre ce qui vient d'être dit sur le caractère négatif qui grève la définition du laïcat: «Sous le nom de laïcs, on entend ici l'ensemble des chrétiens qui *ne sont pas*

---

9. R. RÉMOND, cité in P. GUILMOT, *Fin d'une Église cléricale?,* Histoire des doctrines ecclésiologiques, Paris, Cerf, 1969, p. 9.

membres de l'ordre sacré et de l'état religieux sanctionné dans l'Église. »

Suit un deuxième paragraphe, qui insiste sur le « caractère séculier » des laïcs pour expliciter leur « caractère propre et particulier ». Mais qu'y a-t-il, dans ce paragraphe, que les clercs ne puissent prendre à leur compte? Tout tourne autour de l'affirmation selon laquelle « la vocation propre des laïcs consiste à chercher le règne de Dieu précisément à travers la gérance des choses temporelles qu'ils ordonnent selon Dieu ». Les « membres de l'ordre sacré », pour leur part, restent « expressément ordonnés au ministère sacré ». Mais à moins de nier que la foi chrétienne affirme l'historicité du sacré en général, et de l'Église en particulier, le sacré et l'Église constituent des réalités *temporelles,* et le clergé est donc lui aussi voué à « la gérance des choses temporelles ». Comment la « temporalité » pourrait-elle répondre vraiment à la question soulevée par le premier paragraphe sur l'identité ecclésiale du laïcat?

Le fait est indéniable: Vatican II a introduit des changements considérables dans la vie ecclésiale et la réflexion sur l'Église, et, comme tel, a ouvert des espaces dont l'exploration est loin d'être terminée. Nous restons cependant responsables de ce concile, et, on le devine, cette responsabilité ne se réduit pas à une fonction de répétiteurs ou de porte-voix. Plus qu'à une conformité à la lettre des textes, peut-être sommes-nous responsables de notre fidélité à la *dynamique* que le concile a engagée, ne serait-ce que pour clarifier un point aussi essentiel que celui de l'identité ecclésiale du laïcat [10].

Troisième niveau: **Un *univers religieux* à repenser**

Les relations ecclésiales sont donc organisées de telle manière que tant les clercs que les laïcs, a priori et avant même d'entrer

---

10. Le texte des *Lineamenta,* pour sa part, est tissé de citations conciliaires. Mais par son ignorance de la dynamique conciliaire, il marque un net recul par rapport aux grands mouvements qui ont porté la réflexion de Vatican II, ainsi que j'aurai bientôt l'occasion de le montrer.

effectivement en relation, s'attendent à ce que les clercs soient le sujet de ces relations[11]. Ils s'attendent à ce que la vraie responsabilité ecclésiale, celle qui est finalement décisive pour la vie de l'Église, ce soit le pape, les évêques et les prêtres qui la détiennent. Cette structuration a commandé et commande encore l'organisation concrète de l'institution ecclésiale, à tous les niveaux de cette organisation. Par ailleurs, la passivité des laïcs a été, elle aussi, comme inscrite dans l'organisation. À tel point qu'on constate de plus en plus un phénomène pour le moins paradoxal: dès que certains (laïcs ou membres du clergé) veulent introduire des changements dans l'organisation présente des rapports, ce sont souvent des laïcs qui se lèveront pour réclamer qu'on rétablisse «le bon ordre», et donc qu'on respecte leur droit... à la passivité.

Encore une fois, le deuxième niveau ne pose pas un jugement d'ordre moral, il ne veut pas départager les bonnes et les mauvaises volontés. Il constate seulement qu'une organisation est là, dans son épaisseur de donnée historique, et laisse entendre qu'il ne suffit sans doute pas d'un appel à convertir les esprits et les cœurs pour que change le fonctionnement concret de l'Église. Ces appels à la conversion sont futiles tant qu'ils ne s'accompagnent pas d'une transformation effective des structures ecclésiales.

Pour dire clairement ce que je pense et crois avoir montré: il n'y aurait pas de «laïcs» dans l'Église s'il n'y avait pas des «clercs». Je préciserais cependant que clercs et laïcs n'existent, *comme* clercs et *comme* laïcs, que par la grâce d'une structure des relations qui les constitue tels. La réflexion ecclésiologique,

---

11. En témoignent ces mots de P. Glorieux: «ces derniers (les 'chefs légitimes' de l'Église) seuls ont autorité pour prendre les décisions qu'ils jugent convenables et pour les imposer en conscience. D'autres pourraient proposer, essayer de convaincre, d'entraîner l'adhésion; eux, ont le droit d'imposer au nom du Christ qu'ils représentent et continuent» (*Le laïc dans l'Église*, Paris, Éditions Ouvrières, 1960, p. 207). D'où l'invitation lancée aux laïcs de prendre leur place «dans le rang»: «Demeurant à sa place, dans le rang, le laïc trouve comme d'instinct l'attitude attendue de lui vis-à-vis la hiérarchie, même si l'Action Catholique l'a fait accéder à un niveau de responsabilités supérieur» (*ibid.*, p. 205).

selon moi, le montre à l'évidence; mais plus encore, peut-être, les rapports qui se vivent quotidiennement dans le fonctionnement concret de la vie ecclésiale, dans les paroisses, dans les diocèses, partout où des clercs et des laïcs entrent en relation. Évidemment, toute la suite de la démarche portera le fardeau de la preuve, elle validera ou invalidera ce jugement[12].

Quand on accepte d'entrer dans les questions de structure, le champ s'élargit considérablement et on parvient au troisième niveau de problématisation. Je ne connais pas de théologien qui s'y soit aventuré d'une manière un peu systématique. Mais l'ampleur de la question du laïcat apparaît alors à la simple formulation de l'hypothèse suivante: *la structure présente des relations clercs/laïcs organise aussi tout le réseau complexe des relations qui constituent notre mentalité religieuse.* Le laïcat, disais-je, ne peut pas être pensé en soi, et le clergé non plus; ce sont leurs *relations* qui font problème. Ce qui est maintenant nouveau, le pas que l'hypothèse invite à franchir, pourrait être momentanément formulé de la façon suivante: même les relations clercs/laïcs ne changeront pas si on se contente de les considérer en elles-mêmes, indépendamment des relations qui tissent l'ensemble de notre univers religieux, depuis nos relations à Dieu jusqu'à nos relations au monde.

---

12. Jugement que semble partager A. Charron, pour qui les catégories de 'clerc' et de 'laïc' «sont corrélatives et l'une devrait disparaître avec l'autre». Il propose donc que ces catégories soient «dépassées, voire supprimées» («Dépasser les catégories de 'clerc' et de 'laïc', et resituer la mission des chrétiens dans l'Église et dans le monde», à paraître dans les Actes du Congrès de 1986 de la Société canadienne de théologie. — Ce que je viens de dire, par ailleurs, laissera au moins deviner la raison pour laquelle les *Lineamenta* me paraissent d'une si grande (et triste) pauvreté, et pourquoi je ne pense pas qu'il faille attendre grand-chose du prochain synode s'il travaille dans l'esprit de ce texte. Les *Lineamenta* parlent longuement du laïcat, très rapidement des ministres ordonnés, *mais n'abordent jamais la question de la structure présente de leurs relations.* Ce document s'intéresse donc à tout, sauf à ce qui fait la «vie vécue»! On peut d'ores et déjà prévoir une déclaration finale animée de bons sentiments envers les laïcs, sans doute chaude dans ses exhortations, mais, comme d'autres textes produits par certains synodes précédents, sans poids réel sur la conduite concrète de l'organisation ecclésiale.

La structure de notre mentalité religieuse

Pour que l'hypothèse commence à parler, on évoquera (même si, pour le moment, cette évocation est encore grossière) la structure religieuse dont nous sommes les héritiers, qui a marqué et marque encore, d'une manière générale, les mentalités dites chrétiennes. Le très sérieux *Dictionnaire de théologie catholique* constitue un bon témoin de notre héritage. Que faut-il faire, demande le *Dictionnaire,* quand on veut «démontrer la vérité de l'Église catholique»? On doit essentiellement «démontrer que la révélation chrétienne a été confiée par Jésus-Christ à une autorité, à laquelle il a lui-même assigné des propriétés nettement définies, et que cette autorité divinement établie existe uniquement dans l'Église catholique, la seule véritable Église de Jésus Christ[13]». La révélation de Dieu a donc été confiée par Jésus Christ au clergé, et c'est celui-ci qui a autorité pour définir la vérité de l'Église de l'histoire. Schématiquement, les réalités commencent à s'organiser ainsi: Dieu ⟶ Jésus Christ ⟶ hiérarchie ⟶ Église.

Historiquement, faut-il ajouter, l'autorité du clergé s'est donné une assise théorique et pratique précise: un pouvoir sur la Messe (j'en reparlerai au chapitre cinquième). En introduisant ce nouveau pôle, on complète le paysage religieux dans lequel ont grandi l'immense majorité des chrétiens d'aujourd'hui, on en dégage les articulations principales: *Dieu,* par *Jésus Christ,* donne au *clergé* un pouvoir sur la *Messe*; c'est à la Messe que l'*Église* réalise vraiment la plénitude de son mystère, et c'est à partir de là, nourrie par la Messe, qu'elle peut aller au *monde.*

Ce qui est plus important que le fait de nommer les éléments du paysage, c'est de saisir la logique et le mouvement qui organisent leurs relations. Force est de reconnaître, à la simple description qui vient d'être faite, que nous retrouvons la même structuration que dans les rapports clercs/laïcs: tout ce paysage obéit à *un mouvement exclusivement déductif.* Cette constatation permet ainsi de compléter le schéma amorcé plus haut:

---

13. Art. «Église», t. IV. col. 2114.

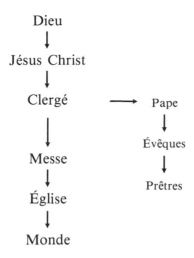

Nous retrouvons ainsi, organisant cette fois l'ensemble de notre univers religieux, la structure qui prédéterminait les relations clercs/laïcs. L'hypothèse se précise donc, dans le sens où on peut déjà présumer que *chaque élément sera considéré comme un objet passif dans ses relations avec le haut, et comme le sujet actif de ses relations avec le bas.*

Pour la suite de la réflexion

On peut dépenser d'énormes énergies à réfléchir sur chacun des éléments du schéma. Celui de la hiérarchie, en particulier, a retenu une attention considérable ces dernières décennies, comme en témoigne la bibliographie des productions théologiques. Mais notre héritage situait chaque élément à l'intérieur d'un univers extrêmement cohérent (ce que suggère suffisamment le schéma), il était compris selon une logique qui articulait l'ensemble de la mentalité religieuse chrétienne. Dès lors, la question devient évidente: comment toucher un élément, quelle chance y a-t-il de le repenser vraiment et de le resituer ecclésialement (de redéfinir, par exemple, la place de la hiérarchie dans l'Église), si la *logique* n'est pas questionnée et si les autres pôles continuent d'être articulés entre eux comme ils l'étaient auparavant?

D'où cette autre question, qui porte cette fois sur le sujet précis du laïcat: peut-on espérer comprendre mieux le statut ecclésial et ecclésiologique des laïcs, sans une réflexion (au moins minimale) sur les autres pôles et, surtout, sur le mode selon lequel leurs relations sont articulées? Car voilà bien en quoi consiste l'appareil idéologique qui sert à justifier le cléricalisme. Au-delà d'un pôle particulier et du sort qu'il réserve aux laïcs, l'articulation des éléments et la cohérence d'ensemble sont tissées d'une manière si serrée qu'on ne peut pas voir, du laïcat, autre chose que ce qu'il *n'est pas*. Un indice significatif: le laïcat ne se retrouve pas parmi les éléments du schéma que je viens de dessiner. Ai-je volontairement omis d'en parler? Cette absence dit plutôt, à sa manière, l'absence concrète des laïcs dans le mouvement qui structure l'organisation et la vie de l'Église. Cela veut dire, inversement, que la clarté ne se fera pas sur la situation ecclésiale du laïcat, sans une remise en question de la logique religieuse globale. Autant en prendre une conscience aussi claire que possible, ne serait-ce que pour éviter de s'épuiser dans la poursuite d'objectifs a priori inatteignables.

La suite de la présente réflexion veut justement questionner la logique d'ensemble, la structure des rapports religieux. De toute évidence, elle n'apportera pas d'éclairage satisfaisant, ni sur chacun des pôles ni sur les liens qui les mettent en relation. Il y faudrait (cela devrait maintenant être clair) toute une réflexion sur Dieu, une christologie, une anthropologie, une ecclésiologie, etc. Le propos est plus modeste, il veut indiquer une tâche plutôt que de la mener à terme: voir comment la question du laïcat se situe aujourd'hui à l'intérieur d'une logique englobante, et suggérer des pistes (pas plus!) qui ouvrent l'avenir du laïcat et donne un futur aux efforts que plusieurs, surtout des laïcs, fournissent aujourd'hui afin de mieux se situer en Église.

J'avoue qu'un double soupçon porte ma réflexion. Les relations clercs/laïcs, d'une part, ne sont-elles pas le *miroir-reflet* de la structure qui organise la totalité de notre univers mental religieux? D'autre part, il semble bien que ces relations précises *confortent et nourrissent* la logique de l'ensemble, et, plus concrètement, notre façon de gérer nos rapports historiques à Dieu, au

Christ, à l'Église, etc. Voilà peut-être pourquoi on hésite tant à repenser la place qui est faite aux laïcs dans l'Église. On devine, serait-ce confusément, que les structures mentales religieuses ne sortiront pas intactes de cette entreprise de vérité.

Quant à la démarche adoptée, elle sera simple, insatisfaisante en soi[14], mais suffisante pour que soit atteint l'objectif limité qui est poursuivi. Les chapitres suivants reprendront, successivement et selon l'ordre que la logique a déterminé, les éléments du schéma (Dieu, le Christ, etc.). Et chaque chapitre se posera trois questions. La première: comment ce pôle est-il généralement compris *dans ses relations* avec les autres? Je parlerai ici de notre héritage immédiat, celui qui a façonné notre mentalité religieuse et continue de marquer les personnes et les communautés chrétiennes, surtout celles de confession catholique. Deuxième question: en quoi *les rapports clercs/laïcs* reflètent-ils et nourrissent-ils aujourd'hui les relations de chaque élément avec l'ensemble? Et enfin: *quels défis* propose aujourd'hui la question du laïcat, quand on la situe dans ses liens avec tel ou tel élément de notre mentalité religieuse? Sur Dieu, le Christ et les autres éléments, la foi vécue et la réflexion théologique commencent en effet à annoncer autre chose. Vie et réflexion, souvent dans la pauvreté, ouvrent des perspectives autres que celles auxquelles on était habitué, et il faut au moins indiquer l'avenir ecclésial qu'elles promettent à ceux et celles qu'on continue d'appeler «les laïcs».

---

14. Je n'ai pas cru bon, en particulier, de reprendre les enquêtes historiques si bien faites ailleurs et d'en recenser les résultats, résultats qu'on trouvera facilement dans les nombreux écrits récents sur le laïcat. Mais je m'en voudrais de ne pas recommander la lecture de l'excellent livre de A. FAIVRE, *Les laïcs aux origines de l'Église,* Chrétiens dans l'histoire, Paris, Le Centurion, 1984.

Chapitre deuxième

DIEU

«Aux clercs le sacré, aux laïcs le profane»

Au commencement, il y a Dieu. Pour ma part, je pense qu'une grosse majorité de chrétiennes et de chrétiens continuent d'en avoir une conception proprement *théiste*. Ils le situent en haut du schéma, au départ, comme premier élément de la chaîne, personne dont dépendent tous les autres éléments et d'où découle surtout la place respective que chacun occupe dans le schéma. Il est le commencement absolu. On dirait plus correctement, si l'expression n'était pas si inélégante, que Dieu est très largement vu comme *un absolu de commencement*: rien ni personne, se situant en bas dans la chaîne des éléments, n'atteindra le statut de sujet ni ne pourra commencer d'agir dans l'histoire, si Dieu lui-même n'intervient pas à chaque fois pour conférer ce privilège. «Le théisme, écrit Raymond Winkling, suppose la représentation d'un Dieu dans l'au-delà et conçu comme Dieu personnel. Ce Dieu personnel est censé avoir créé le monde et en diriger l'évolution, *en intervenant du dehors* dans le déroulement des événements et la vie des individus[1].» Voilà qui fait ressor-

_____

1. *La théologie contemporaine (1945-1980),* Paris, Le Centurion, 1982, p. 315. Les italiques sont de moi. H.P. Owen précise: «Theism signifies belief in one God (*theos*) who is (a) personal, (b) worthy of adoration, and (c) separate from the world but (d) continuously active in it (art. «Theism», *The Encyclopedia of Philosophy* 8 (1967), col. 97). C'est pourquoi «theism always

tir à quel point Dieu est partie prenante du mouvement exclusivement *déductif* dont il a été question. Il en est la justification première et dernière, il constitue l'absolue condition de possibilité d'une logique où tout va du haut vers le bas.

Partir de là, n'est-ce pas remonter trop loin pour poser la question précise du laïcat? Au contraire, la vision de Dieu, loin d'être étrangère aux relations clercs/laïcs, en constitue la prédétermination ultime et décisive. Dieu, dans la mentalité commune et comme on le verra plus loin, intervient directement pour élever les clercs à la condition de sujet de l'Église. C'est dire à quel point la question suivante mérite d'être posée: la passivité des laïcs ne se justifie-t-elle pas, en dernière analyse, par la conception qu'on se fait de Dieu?

1. Un Dieu libérateur, ou un Dieu aliénant?

Qui est Dieu, tel qu'en lui-même il existe? Seul un saut hors de l'humanité, hors des limites historiques qui suivent les êtres humains comme leur ombre, permettrait d'entrer ainsi dans l'univers de Dieu et de parler à partir de son propre point de vue. À moins que la foi ne permette d'effectuer ce saut? Mais cela ne serait possible que par la grâce d'une dichotomisation schizophrénique. On présupposerait, en effet, qu'il y a d'un côté la foi, lieu de la clarté, qui permet un accès direct à Dieu; cette foi s'accommodant, par ailleurs et tant bien que mal, d'une humanité limitée, condamnée aux déterminations et abandonnée aux aléas d'une histoire qui, elle, se voit interdit un accès aussi direct à Dieu.

Une question tout à fait légitime, cependant, celle dont il faut absolument se préoccuper, c'est celle de l'*image* de Dieu. Quelle image se font de Dieu les chrétiens et les chrétiennes de

---

involves the belief that God is continuously active in the world. In this it differs from deism. According to deism (...) God, having made the world at the beginning of time, left it to continue on its own. Theism (notably Aquinas), on the other hand, maintains that every item in the world depends for its existence on the continuous activity of God as the Creator» (*ibid.*, col. 98).

ce vingtième siècle finissant, et quelles *relations à Dieu* cette image engendre-t-elle?

Au commencement, Dieu

Écoutons d'abord le langage que les gens emploient spontanément lorsqu'ils disent Dieu. Ils en parlent la plupart du temps comme d'un *Absolu,* la *Bonté même* ou *le Bon Dieu,* le *Tout-Puissant.* Ceux et celles, de plus en plus nombreux, qu'attirent toutes les formes d'ésotérisme (et qui continuent souvent de se dire chrétiens), utilisent un vocabulaire qui pose Dieu comme *Être supérieur.* Et encore: dans le mouvement des Alcooliques Anonymes, pourtant né et s'épanouissant en des sociétés dites «chrétiennes», on organise plus explicitement l'espace en parlant familièrement de Dieu comme du «*Gars d'en haut*».

Toutes ces expressions, et tant d'autres, révèlent que Dieu est avant tout considéré comme le *Transcendant.* Il est Celui qui, en haut, est tout, fait tout et peut tout. Il est *le* sujet par excellence, seul capable de donner sens à une histoire humaine (personnelle ou collective) qui, sans Lui, est livrée à l'incohérence. S'amorce ainsi une logique selon laquelle le monde et l'histoire sont d'autant plus condamnés à l'in-signifiance que tout le sens de la vie est invité à se déporter en Dieu. Tout ne peut découler que de Lui, et rien ne se peut vivre de beau et de bon qui ne vienne directement de Lui.

J'indique tout de suite deux caractères que ces images ont imprimés dans la mentalité religieuse et qui commandent un type de rapport au sacré avec lequel nous sommes encore aujourd'hui en train de nous débattre.

Les images qui sont communément véhiculées font que Dieu semble bien *lointain.* Pour sauver sa transcendance, le sauvegarder comme commencement absolu et absolu de commencement, il faut l'éloigner de l'univers des limites. Il est la vérité même, le tout beau, le tout bon, et l'existence humaine est loin de rayonner la vérité absolue, la beauté et la bonté. En un sens, plus l'être humain prend conscience de ses propres limites (ce qui devrait bien être le fruit de la maturation, même si, de toute évidence, la maturité ne se réduit pas à cette conscience-là), plus il est conduit à tenir Dieu loin de l'histoire. Toute une anthropologie s'est articulée selon cette dynamique, et, de ce point de vue, rien n'est accidentel, ou de l'ordre du détail insignifiant. La construction des églises, par exemple, est révélatrice. Ces édifices ont en effet aménagé l'espace de telle manière qu'ils visualisent la distance, l'éloignement de «la Présence»: une longue nef à traverser, puis une balustrade qui sépare, des marches à gravir, un long sanctuaire avec, tout au fond, d'autres marches qui mènent à l'autel où le tabernacle est posé, celui-ci étant lui-même voilé et cachant une Présence qu'on ne peut voir ni toucher. Des siècles ont nourri un tel rapport à l'Eucharistie, à la présence de Dieu dans l'Eucharistie. N'est-on pas justifié de penser que les schèmes anthropologiques ont été proprement bouleversés le jour où il fut permis de recevoir la communion dans la main? Voilà pourquoi il est si essentiel de saisir les liens logiques et les cohérences d'ensemble: il en va de nos initiatives pastorales les plus concrètes, et on ne joue pas avec de vieilles articulations mentales comme on déplace un objet.

L'*étrangeté* caractérise encore le Dieu des images spontanées. Transcendance absolue, il est cela même dont les croyants voient bien... qu'ils ne le sont pas. Cela aussi s'est anthropologiquement dit, a commandé des attitudes et des comportements historiques précis. Pendant des siècles, par exemple, Dieu n'a-t-il pas parlé latin? Une langue devenue *étrangère,* et donc *étrange* pour la masse des fidèles. Une étrangeté qui n'est pas aussi innocente qu'il paraît: elle-même servait à éloigner Dieu, à consolider sa transcendance par un retranchement qui, à la fois, instituait une rupture d'avec le peuple et renforçait l'absolu de sa transcendance. En absolutisant, on le comprendra, les mots de ceux qui parlaient la langue! Qui ne se souvient de ces temps, pas si anciens, où tout sermon commençait par une citation latine, dont le peuple ne comprenait rien, mais qui arc-boutait la parole du prédicateur sur les assises d'une autorité absolue: Dieu lui-même allait parler.

Que conclure de cela? La mentalité chrétienne générale fonctionnait (et fonctionne encore) à l'intérieur d'une logique de la causalité physique, chosiste, et voit Dieu comme la *Cause première* dans l'engrenage des causes. Tous les autres maillons de la chaîne (Christ, clercs, Eucharistie, etc.) sont des *effets*, ou, s'ils sont élevés à la condition de *causes*, c'est par un saut dans l'ordre de la transcendance absolue, une déportation dont seule la Cause première peut se rendre immédiatement responsable. En un mot, Dieu constitue *le seul sujet véritablement actif de tout*.

Condamnés à la passivité

Cette vision de Dieu reflète et commande un certain type de *relations à lui*. Et c'est là qu'on commence à expérimenter la perversité d'un tel Dieu. Les autres chapitres situeront le rapport de chacun des autres éléments du schéma avec ce haut absolu. Pour le moment, et à cause même de l'image de Dieu comme *absolu de commencement*, il est possible de parler plus globalement du «bas», de l'histoire, des personnes et collectivités qui y vivent et y travaillent. Quatre points, en particulier, qualifient le type de relations que chrétiennes et chrétiens ont été habitués de vivre avec Dieu.

Les «bonnes» relations, celles qui sont spontanément vécues comme agréables à Dieu, sont, au fond, celles où Dieu semble *aller de soi*. Étant considéré comme beauté et pureté absolues, seule vérité, il est rencontré en tout cela qu'on trouve beau, bon et vrai dans l'existence. Toute une vision anthropologique s'est ainsi construite, qui continue de s'imposer aux consciences et de ravager les existences. Par exemple, elle spatialise dans le corps un haut (du cou en montant) qui est la partie noble et est digne de nouer des relations avec Dieu, et un bas (du cou en descendant) où se retrouve ce qu'on appelait justement les «parties honteuses». D'autre part, le temps est aussi organisé que l'espace: Dieu est comme localisé en ces moments privilégiés qui semblent gros d'une sorte de plénitude. Émerveillement devant un paysage stupéfiant de beauté, émotion ressentie à l'expérience d'attitudes et de gestes d'une bonté exceptionnelle, chauds moments, rares mais si riches, où la vérité semble se faire, où on se sent bien avec soi-même. Une vérité profonde de l'être est alors éprouvée, où se réalise, serait-ce le temps d'un trop court instant, le rêve que nous entretenons tous de palper notre vie comme une belle boule ronde, sans ruptures, trous ou saillies. Dieu est là, indubitablement. Il va de soi, dirait-on. Mais, justement, que devient-il les jours tellement plus nombreux où rien ne va plus de soi? La foi n'a-t-elle pas glissé du côté du fidéisme? Preuve en serait la brièveté des réponses apportées à deux questions pourtant fondamentales. Tant de gens vivent les jours de doute comme une «disparition de Dieu», et donc comme une «perte de la foi». Mais la possibilité du doute ne constitue-t-elle pas une dimension essentielle de l'acte de croire[2]? Par ailleurs, voit-on bien les liens entre foi et *décision* humaine, cette décision qui caractérise justement le statut des sujets de l'histoire? En enfermant Dieu là où il semble aller de soi, on finit par oublier que croire, surtout dans les moments de doute et lorsque plus rien ne va de soi, c'est aussi «*décider* de croire, décider de *continuer* de croire[3]».

Telles sont donc, continue-t-on de penser, les «bonnes» relations à Dieu: celles où il va de soi que Dieu est rencontré. Puisque tout se tient, on est conduit à un deuxième type de considérations; elles concernent le sort qui est alors fait au bas, aux *limites* de l'histoire. Au minimum, les chrétiens sont spontanément portés à penser que les limites sont cela même qui n'intéresse pas Dieu, et qu'elles ne peuvent donc pas constituer un lieu de rencontre avec lui. Pure transcendance, il est comme le contraire des limites, le plein de nos vides. Pire encore: les images trahissent le fait qu'il n'est souvent que l'envers des frustrations humaines. Les limites n'ont-elles pas fini par être perçues comme un *obstacle* qui s'interpose entre Dieu et l'humanité, qu'il faut franchir

---

2. «Mais étant précédés par ces mots de Dieu arrive aussi le moment où nous nous demandons: est-il possible véritablement de croire? En ce sens, *le doute se trouve au cœur de tous les croyants.* Unamuno a dit: *une foi qui ne doute pas est une foi morte*» (A. DUMAS, *Ces mots qui font croire et douter,* Paris, Éditions Oecuméniques, 1971, p. 29. Les italiques sont de moi).

3. J.-C. SAGNE, «Du besoin à la demande, ou la conversion du désir dans la prière», *Pax* 167, juin 1973, p. 11.

ou dont on doit se débarrasser pour passer de son côté? Une seule illustration: les longues habitudes qu'on a inculquées sur la vie de prière et sur la place qu'on y a donnée au corps. Limite radicale, le corps nuit à l'oraison «mentale», il est un obstacle qui empêche d'entrer dans l'univers des relations gratuites avec Dieu. On doit surtout l'oublier, et toute une série de techniques ont été élaborées pour permettre d'en vaincre les limites, de le quitter, de franchir cet obstacle pour enfin évoluer dans le vrai monde, celui de Dieu.

Le troisième point fait état de la *culpabilité maladive* qu'ont engendrée et engendrent encore ces images de Dieu et les relations qu'elles favorisent. Il y a une saine culpabilité, celle qui naît quand l'amour a été volontairement tué ou blessé. La culpabilité maladive, pathologique, c'est celle de quelqu'un qui se sent coupable *d'être limité*. On ne peut dire assez, encore et surtout ici, les ravages causés par certaines images de Dieu. Et il faut sans doute un long exercice de lucidité sur soi-même avant que quelqu'un puisse conclure qu'il en est libéré. Me sont venues récemment, en l'espace d'une seule journée, trois illustrations à la fois éloquentes et accablantes. D'abord un homme âgé, qui vient de perdre sa femme et cherche, déchiré, pourquoi Dieu l'a ainsi puni. Puis une mère dont l'enfant se livre à la drogue; elle demande littéralement: «Qu'est-ce que j'ai fait au Bon Dieu pour que cela m'arrive?» Un jeune, enfin, qui est tout perturbé parce qu'il vit comme un péché des pulsions sexuelles qu'il est incapable de faire taire. Voilà à quelles monstruosités aboutissent nos visions théistes de Dieu. Raymond Winkling écrit encore: «Le théisme a eu le tort de devenir une idéologie qui décharge l'homme de ses responsabilités en face de la souffrance humaine: il présente Dieu comme celui de qui dépendent le malheur et le bonheur, la souffrance et la justice, et, de cette façon, il fournissait un alibi commode pour le refus de s'engager[4].» Les catholiques ont eu la réputation de nourrir ces inclinaisons pathologiques: «Vous, les catholiques, avec votre enfer, vos culpabilisations continuelles, l'importance exagérée que vous donnez aux choses sexuelles, vous sentez peser sur vous un regard de juge. Vous avez

---

4. *Op. Cit.*, p. 337.

donné cette peur aux gens[5].» Est-ce là chose du passé? Un regard attentif sur la structure de notre mentalité religieuse devrait mettre en garde contre des exorcismes trop rapides et définitifs. La catéchèse, par exemple, a voulu délivrer de ce regard de juge qui pèse sur les existences, et elle s'est mise à parler du Dieu-Amour. Mais une certaine compréhension de l'Amour avec un grand «A», plus justement une certaine place qu'on lui fait tenir dans la dynamique des relations humaines, peut engendrer une culpabilité pire que les précédentes. Il y a des façons de parler du Dieu-Amour qui, concrètement et parce qu'elles ne convertissent pas la relation à Dieu, condamnent absolument les amours humaines, toujours fragiles, pauvres et petites.

Le quatrième point prolonge les trois premiers, et conclut qu'il n'y a pas pire *aliénation* que celle engendrée par des relations où Dieu sert de référent pour absolutiser la passivité humaine. Ces relations comprennent l'absolu de Dieu de telle manière que *Dieu devient le fondement même du statut d'objet passif qui est octroyé aux êtres humains.* Voilà qui a indéniablement joué dans la compréhension de la foi chrétienne. Les chrétiens d'aujourd'hui en sont-ils encore les victimes? On doit au moins ouvrir assez d'espace pour que la question puisse monter. Charles Bukowski, le poète américain, mérite ici d'être écouté: «Tout allait de travers. Les gens s'accrochaient aveuglément à la première bouée de sauvetage venue: le communisme, la diététique, le zen, le surf, la danse classique, l'hypnotisme, la dynamique de groupe, les orgies, le vélo, l'herbe, le catholicisme, les haltères, les voyages, le retrait intérieur, la cuisine végétarienne, l'Inde, la peinture, l'écriture, la sculpture, la musique, la profession de chef d'orchestre, les balades sac à dos, le yoga, la copulation, le jeu, l'alcool, zoner, les yaourts surgelés, Beethoven, Bach, Bouddha, le Christ, le H, le jus de carotte, le suicide, les costumes sur mesure, les voyages en avion, New York City, et soudain, tout se cassait la gueule, tout partait en fumée. Il fallait bien que les gens trouvent quelque chose à faire en attendant de mourir. Pour ma part,

---

5. G. BRASSENS, in *Toute une vie pour la chanson. André Sève interroge Georges Brassens,* Les interviews, Paris, Le Centurion, 1975, pp. 119-120.

je trouvais plutôt sympa qu'on ait le choix[6].» Ces propos perdent leur allure de parenthèse théologiquement insignifiante, dès qu'on prend conscience du fait que Bukowski parle ici de sociétés occidentales, et donc de gens qui ont grandi dans la tradition dite «chrétienne». Pourquoi cette précipitation qui pousse aujourd'hui les gens à «s'accrocher aveuglément à la première bouée de sauvetage venue»? Remarquons d'ailleurs que «le Christ» et «le catholicisme» figurent comme deux éléments entre plusieurs dans la liste des bouées de sauvetage. N'est-ce pas parce que ces personnes prétendument chrétiennes avaient d'abord vu Dieu lui-même comme une bouée de sauvetage, devant intervenir directement tout le temps et à tous les moments du temps? Cette bouée n'ayant rien sauvé et tout «se cassant la gueule», Dieu disparaît et on divinise autre chose dans l'espoir qu'enfin la vie «ira de soi»!

2. «Aux prêtres le sacré, aux laïcs le profane»

C'est sur cette structure des relations à Dieu qu'on s'adosse pour justifier radicalement la place respective des clercs et des laïcs dans l'Église, et, surtout, le type de rapport qui structure encore présentement leur vivre-ensemble ecclésial. Mais on peut aussi se demander, en sens inverse: l'organisation présente de l'Église, jusque dans ses modes les plus concrets de fonctionnement, ne nourrit-elle pas une compréhension de l'absolue activité de Dieu qui consacre absolument la passivité structurelle des laïcs?

Happés du côté de Dieu

Les évêques et les prêtres sont devenus les «hommes *de Dieu*», les hommes *du sacré,* et, sous des formes peut-être différentes, c'est encore ainsi qu'ils se voient ou qu'on les considère.

L'École française de spiritualité a joué un rôle considérable

---

6. *Women,* Le livre de poche 5900, Paris, Grasset, 1984, pp. 248-249.

dans la formation de nombreuses générations de prêtres, et plusieurs des clercs encore en exercice ont été formés selon cette spiritualité. Je commencerai par une citation qui fournit comme la caricature, est-on aujourd'hui porté à penser, de ce que proposait l'École française. Un de ses champions, monsieur Tronson, exhorte ainsi les prêtres: «Le clerc doit être aveugle par rapport à ce monde, n'en considérant point les beautés ni les raretés; il doit être sourd à ses nouvelles, fouler aux pieds toutes ses pompes, condamner tous ses artifices. Il faut donc nous regarder comme des personnes hors du monde, qui vivent dans le ciel, qui conversent avec les saints, qui sont dans un oubli, dans un dédain, dans un mépris et par une aversion et une condamnation souveraine de tout le siècle[7].»

La dichotomie est évidente. Les clercs ont été happés tout entiers du côté de Dieu. Ils ont longuement appris à se situer *hors* du monde, à vivre dans le ciel en «conversant avec les anges». Quant au monde du bas, les clercs sont invités à l'oublier, à le dédaigner, et même à le mépriser; tout ce qu'on en dit, c'est qu'ils ont devoir de fouler aux pieds ses pompes et ses artifices. Les clercs d'aujourd'hui résistent-ils à ces poussées schizophréniques? Beaucoup, tant chez les évêques et les prêtres que parmi les laïcs, veulent aujourd'hui que les clercs réintègrent l'histoire. Mais ce n'est pas en quelques années qu'ils reviendront d'un aussi long exil.

Deux caractères grevaient les images de Dieu: l'*éloignement* et l'*étrangeté*. Ils marquaient aussi des clercs, devenus hommes de Dieu, et qui ne sont pas près d'en être délivrés, si tant est qu'ils veulent vraiment sortir d'un sacré aliénant, et à la condition qu'on leur permette d'effectuer ce retour au monde et à l'histoire. Tenus éloignés de la masse des fidèles et habitués à converser avec les anges, ils expérimentent dans leur chair combien il leur est difficile d'être désormais proches des laïcs, d'apprendre aujourd'hui le langage des hommes. Certaines personnes et certains groupes veulent même leur interdire a priori cet apprentissage, tellement on n'est pas habitué à les voir s'intéresser aux défis immédiats

---

7. Extrait du *Traité des saints Ordres,* cité par R. Salaün et É. Marcus, *Qu'est-ce qu'un prêtre?,* Paris, Seuil, 1965, p. 33.

de l'humanité. Les évêques, par exemple, osent-ils une parole sur la gestion des affaires politiques et économiques? On nie, *au départ,* qu'ils puissent avoir quelque compétence là-dessus, et on les prie de retourner à leurs affaires propres, qui sont celles du culte. Et combien de prêtres, au cœur de relations humaines où ils étaient pour ainsi dire passés incognito, ont vu ces relations profondément perturbées dès le dévoilement de leur statut ecclésial? On n'a pas été accoutumé de les voir si près, soucieux des choses du monde et ayant quelque compétence sur leur conduite.

Éloignés, ils apparaissaient également étranges. Leur être, leur agir et leurs dires étaient marqués au coin de l'étrangeté de personnes qui, parce qu'elles sont des «spécialistes du sacré», ne travaillaient pas à la manière de tout le monde, parlaient «la langue de Dieu» (le latin), ne s'habillaient pas comme leurs frères en humanité, et habitaient un lieu étrange, le presbytère.

L'Église est-elle maintenant guérie? Les clercs ont-ils réintégré l'histoire humaine? On peut présumer que cette tâche ne sera pas accomplie aussi longtemps que prêtres et évêques n'auront pas accepté de se définir aussi par le bas, par un monde arbitrairement situé en bas. Il s'agit là d'une question tout à fait fondamentale. On n'aura pas beaucoup clarifié le statut ecclésial des clercs et des laïcs tant qu'on n'aura pas commencé d'y répondre. Mais cette réponse est elle-même dépendante de la réponse qui est fournie à une autre question, préalable puisqu'elle interroge les images de Dieu: est-il vrai que rien de ce qui est humainement libérateur n'est indifférent à Dieu et n'est théologiquement in-signifiant? Si on répond par l'affirmative, on est alors en droit de se demander: quel est le *sens humainement et historiquement libérateur* de la fonction que les prêtres, les évêques et le pape remplissent à l'intérieur de l'Église? La validité des théologies se mesure aussi par le souci d'assumer ce type de questionnement. D'autre part, comment résoudre autrement la «crise d'identité» dont souffre le clergé (et sur laquelle il faudra bien sûr revenir)? On ne sait plus qui on est, on ne peut pas durer longtemps dans une tâche, lorsqu'on ne voit plus le sens *humain* et historique de ce que l'on est et fait, et qu'on est obligé de recourir aux justifications d'une foi anhistorique et perversement abstraite. Viennent des jours (ils sont déjà là) où il ne suffit plus de recourir à une quelconque «volonté de Dieu» pour justifier des situations humainement insensées.

Certes, beaucoup de choses ont changé. Mais qu'en est-il de ce que j'appellerais «le fond des choses», la logique ecclésiologique et les structures ecclésiales fondamentales? Il ne suffit pas de parler français pour que, dans la célébration des Messes par exemple, le rôle respectif des prêtres et des laïcs brise effectivement un type aliénant de rapport à Dieu et au sacré. Pour tout dire: *les clercs ne se situeront pas différemment dans l'Église, tant qu'ils n'auront pas cessé de recourir à Dieu comme à un «absolu de commencement», pour justifier le fait qu'ils sont toujours, dans l'Église, le commencement absolu de tout.*

«Aux laïcs le profane»

Si les clercs sont happés tout entiers du côté de Dieu, les laïcs, quant à eux, sont tout entiers tirés du côté du «profane». On leur fait, au nom de Dieu, le don du monde, du monde «séculier» comme on dit. N'est-ce pas un cadeau qui risque de consacrer absolument leur passivité ecclésiale?

Affirmant se situer en fidélité avec le concile Vatican II, les *Lineamenta,* par exemple, précisent clairement la spécificité du laïcat, ce qui lui est propre et qui constitue donc l'apport original des laïcs dans leurs relations avec les clercs: le «Concile présente l'insertion des laïcs dans les réalités temporelles et terrestres, c'est-à-dire leur 'sécularité', non seulement comme une donnée sociologique, mais encore et de façon plus spécifique comme une donnée théologique et ecclésiale, comme la modalité caractéristique selon laquelle doit se vivre la vocation chrétienne[8]».

Au premier regard, cette définition est attrayante, elle confie généreusement aux laïcs une mission qui est apte à susciter l'enthousiasme. En effet, propose le numéro 31 de *Lumen Gentium,* les laïcs «vivent dans le siècle, engagés dans toutes et cha-

---

8. *Ibid.,* n° 22.

cune des affaires du monde, plongés dans l'ambiance où se meuvent la vie de famille et la vie sociale dont leur existence est comme tissée. C'est là qu'ils sont appelés par Dieu, jouant ainsi le rôle qui leur est propre et guidés par l'esprit évangélique, à travailler comme de l'intérieur, à la manière d'un ferment, à la sanctification du monde et à manifester ainsi le Christ aux autres, principalement par le témoignage de leur propre vie, par le rayonnement de leur foi, de leur espérance et de leur charité».

Une première observation s'impose: si tel est bien ce qui spécifie le laïcat (et donc ce que le clergé n'est pas), on implique, par le fait même, que le pape, les évêques et les prêtres ne vivent pas dans le siècle, qu'ils n'ont pas à se soucier des choses temporelles, de la vie familiale et sociale, qu'ils n'ont pas à être, en un mot, le ferment évangélique du monde. Soit dit en passant: on confirme ainsi, aujourd'hui en 1987, une vision des clercs qui les force à quitter le temps de l'histoire et réaffirme qu'ils sont les «hommes de Dieu».

Il faut surtout retenir ceci: *on confie aux laïcs cela même qui, dans la logique ecclésiologique et les structures présentes de l'Église, n'est pas Dieu et est même spontanément vécu comme le contraire de Dieu.*

À moins de nourrir une conception du «monde» qui le situe différemment dans le schéma religieux (et je reviens tout de suite là-dessus), on abandonne en effet aux laïcs ce qui, sur le fond d'une compréhension de Dieu comme transcendance absolue, doit être reconnu comme *le bas absolu.* Aux prises avec la conduite concrète d'une vie conjugale et familiale qui n'a jamais la clarté des grands principes *sur* le couple et la famille, aux prises encore avec des questions sociales où le bon n'est jamais parfaitement départageable du mauvais, engagés dans une vie politique qui ne dit jamais en clair «la volonté de Dieu», les laïcs reçoivent ainsi l'univers des *limites.* Dans la pensée des clercs et des laïcs d'aujourd'hui, ceux-ci ont donc en propre ce qui est contraire à une absolue transcendance, ce qui est logiquement pensé et structurellement identifié comme n'étant pas de Dieu, cela aussi qu'on a pris l'habitude de vivre comme un obstacle qui interdit d'être «du côté de Dieu». Pire encore (et pour peu que jouent les mécanismes décrits plus haut), la spécificité du laïcat se définit à partir du lieu où naît inévitablement une culpabilité pathologique et morbide. Doit-on s'étonner, dès lors, que les laïcs vivent constamment leurs existences sous le mode d'une trahison des morales «officielles», comme une infidélité à «l'Église», et donc comme une infidélité absolument condamnable puisqu'elle est, dans ses fondements, infidélité à l'absolu de Dieu lui-même?

Une condition fut mise pour que joue cette mécanique perverse: qu'on continue de penser la logique ecclésiologique d'une manière qui structure comme auparavant les rapports clercs/laïcs. De ce point de vue, une autre citation de Vatican II est révélatrice. Elle dit la responsabilité des prêtres et les invite à une certaine «générosité» dans leurs relations avec le laïcat. En effet, ils «doivent écouter volontiers les laïcs, tenir compte fraternellement de leurs désirs, reconnaître leur expérience et leur compétence dans les différents domaines de l'activité humaine, pour pouvoir avec eux lire les signes des temps[9]». Aussitôt après, cependant, on charge les prêtres d'«éprouver les esprits (des laïcs) pour savoir s'ils sont de Dieu». Quelle responsabilité! Mais surtout, à quelle prétention proprement scandaleuse les prêtres peuvent-ils être invités! Détiendraient-ils le code d'une existence selon le cœur de Dieu? Ils ne sont pas mariés, mais sauraient les lois qu'une vie de couple doit suivre pour être fidèle à Dieu. Ils n'ont pas d'enfants, mais on leur demande de dire la volonté de Dieu sur la conduite de la vie familiale. On leur interdit a priori tout engagement social, mais ils connaissent les principes qui doivent régir le vivre-ensemble des sociétés. Interdiction leur est faite d'entrer dans les ambiguïtés de la vie politique, mais ils peuvent «éprouver les esprits» pour «savoir» si la gestion politique des affaires du monde correspond à la rectitude divine.

L'absolue passivité des laïcs dans la structure de leurs relations avec les clercs se manifeste ainsi, entre plusieurs autres domaines, par leur absolue passivité dans la définition de la *morale* dite «officielle» de l'Église.

---

9. Ce texte du n° 9 de *Presbyterorum Ordinis* est repris par les *Lineamenta*, n° 7.

On vantera les exigences de cette morale: elle ne fait qu'expliciter les exigences d'une vie qui veut se mettre à la suite de Jésus. On parlera aussi de la noblesse de ses visions sur l'homme, et comment elle parle d'une humanité libérée, pour jamais affranchie de tout esclavage. Au fond, elle est d'autant plus noble qu'elle est plus exigeante. Mais, demande Fernand Dumont, «comment échapper à l'impression qu'on nous laisse, nous les laïcs, nous débrouiller avec nos problèmes au jour le jour, et que la fonction du clergé, c'est de continuer à répéter les grands principes? De cette façon, un fossé dangereux se creuse entre l'image que l'Église officielle tente de donner d'elle-même et le vécu quotidien des chrétiens qui veulent appartenir à l'Église. On risque d'aboutir ainsi à une deuxième clandestinité, qui n'est plus celle de l'Église au sein de la société, mais une sorte de 'braconnage moral' à l'intérieur même de l'Église[10]».

Ce braconnage ne révèle cependant pas les passions adolescentes de personnes qui cèdent momentanément aux charmes de l'école buissonnière. Il remet en cause *le mode de fabrication* du discours moral de l'Église. Aux clercs les grands principes, qui régissent la rectitude morale de l'agir chrétien. Aux laïcs l'application des principes dans le monde. Ils ont en effet, comme leur part propre, le temporel, le quotidien et ses problèmes, un quotidien qui ne correspond *jamais* à la pureté des grands principes et condamne donc *toujours* les laïcs à trahir l'idéal moral dès qu'ils tentent de le traduire. On fabrique ainsi un système *par rapport auquel chaque personne et chaque corps social constitue une exception.* Un système qui est proprement de l'ordre de l'idéologie et joue, sur les personnes et les collectivités, comme une instance absolue de jugement et de culpabilisation.

Plusieurs clercs, affrontés à la dramatique de certaines existences, voient bien qu'il faut, pastoralement, proposer autre chose. Ils font alors la preuve d'une «ouverture» exceptionnelle, comme on entend souvent dire. Mais voient-ils qu'ils sont justement en train de démontrer l'abstraction perverse des grands principes et du discours moral dit «officiel». Ils seront misé-

---

10. «Les laïcs en 1980», *Relations* 458, avril 1980, p. 114.

ricordieux envers les divorcés-remariés, mais sans pouvoir leur permettre l'accès à la communion eucharistique; on doit aimer les personnes homosexuelles, mais condamner leurs actes, etc.

Le prix à payer est donc lourd, pour l'élaboration et le maintien du discours moral officiel, puisque celui-ci ne se fabrique que grâce à une séparation entre l'*être* et l'*agir,* une dichotomisation de l'existence tant personnelle que collective. Cette dichotomie s'appuie sur une autre séparation en même temps qu'elle la nourrit, celle qui se vit dans les rapports clercs/laïcs. Il y a, d'un côté, l'être, et les grands principes, et les clercs qui «savent» l'être, définissent les grands principes et se chargent de les répéter. L'autre côté est celui de l'agir historique, des ambiguïtés, et de laïcs qui n'ont pas d'autre responsabilité que celle d'exécuter ce qui a été décidé et défini par d'autres, par les clercs: «C'est comme si, aujourd'hui comme depuis toujours, on affirmait que le diagnostic à porter sur les problèmes, la doctrine, la morale, relevait exclusivement des prêtres, des évêques, du pape, et que nous n'avons nullement à nous en mêler. *Vous autres les laïcs,* nous laisse-t-on entendre, *vous êtes des exécutants: nous vous chargeons de convertir ceux que nous ne pouvons atteindre. Vous avez votre mot à dire sur les choses pratiques et sur les questions qui ne touchent pas à l'essentiel du christianisme*[11].»

Le clergé confie ainsi aux laïcs l'exécution des principes dans l'histoire profane et séculière. Mais l'histoire étant le lieu des limites, les laïcs, faute de pouvoir traduire, trahissent. Il y a là, de toute évidence, un vice logique et structurel: si la seule responsabilité des laïcs en est une de trahison, n'est-ce pas parce qu'on leur a d'abord refusé tout rôle de sujet actif dans la formulation des principes et la *fabrication* du discours moral? Cette passivité n'est finalement qu'une forme particulière d'une passivité généralisée, celle du laïcat dans ses rapports au clergé et à l'ensemble de la vie ecclésiale.

---

11. *Ibid.,* p. 115.

3. Pour ouvrir l'avenir ecclésial des laïcs

Dès que Dieu est évoqué, ou l'idée de Dieu, ou les relations à Dieu, ou le langage sur Dieu, chacun sait (plus ou moins confusément, et dans l'acceptation comme dans le rejet) qu'on est en train de toucher à des réalités fondamentales, non immédiatement saisies même si elles sont immédiatement déterminantes pour la conduite de la vie. C'est pourquoi les défis qui sont alors pressentis ne sont pas tellement de l'ordre du *futur,* de ce qu'il faut aujourd'hui projeter sur demain ou après-demain; leur formulation ne peut donc pas être abandonnée à l'imagination des futurologues. Plus que le futur (mais sans nier l'importance qui doit lui être accordée), plus que demain ou après-demain, l'évocation de Dieu invite à penser l'*avenir,* c'est-à-dire la dimension d'*ouverture* de l'aujourd'hui que nous sommes en train de vivre.

Dans cette perspective, la tâche n'est pas maintenant de dresser un petit catéchisme, le catalogue des «choses à faire», encore moins de proposer des recettes qui garantiront un résultat correct. Si je propose *quatre défis,* c'est bien que je les crois incontournables et éminemment pratiques pour une ouverture éventuelle de l'avenir du laïcat. Ils n'expliciteront cependant pas leurs implications chrétiennes et christologiques, mais veulent surtout formuler les questions qui, dans le prochain chapitre, seront adressées à Jésus Christ.

Apprendre à nommer Dieu

À l'écoute du vocabulaire qui est employé pour dire Dieu, on peut se demander ce que les images ont de vraiment «chrétien[12]». Il est d'ailleurs frappant de constater comment plusieurs, dans une prière publique par exemple, s'adressent indis-

---

12. «Theism does not deal with such central Christian doctrines as the Incarnation and the Atonement, and because its teaching about God is not tied to christology, some theologians question whether its God is the same as the one whom Christians know in faith as the God and Father of Jesus Christ» (T. EARLY, art. «Theism», *Encyclopedic Dictionary of Religion* 3, 1977, p. 3488).

tinctement à *Dieu,* au *Bon Dieu,* au *Père,* à l'*Esprit-Saint,* à *Jésus,* au *Tout-Puissant,* etc., comme si tous ces vocables recouvraient la même réalité, et sans qu'on sache trop si chacun renvoie à un type spécifique de rapport à Dieu.

Une question troublante, que chacun peut et doit s'adresser à lui-même: en quoi ma foi en Jésus Christ convertit-elle mes visions spontanées de Dieu? Puis-je vraiment reprendre à mon compte cette parole: «Je ne connais de Dieu que le Dieu *de Jésus Christ*»? Jésus Christ est bien mort et ressuscité pour quelque chose, «pour nous sauver» disons-nous, pour faire mourir à la mort et permettre une entrée dans la vie. Cela ne dirait rien sur Dieu, sur les images de Dieu? Ou ne faut-il pas y entendre un appel à *mourir* à certaines images, finalement mortifères, de Dieu? Henri Bourgeois affirme: «Nous vivons en une époque où le nom de Dieu s'obscurcit parfois et devient problématique. Il appartient donc à la christologie de ne pas laisser la foi chrétienne se réduire à un théisme. Il lui revient de poser la question de Dieu de manière historiquement déterminée, sur la base de Jésus, étant donné Jésus [13].» «Je suis la voie, la vérité et la vie.» Cette affirmation ne veut-elle pas dire, en particulier, que personne n'entre dans la vérité de Dieu hors de cette *voie* qu'est Jésus Christ? Un premier défi, donc: *croyantes et croyants chrétiens doivent apprendre et réapprendre sans cesse à* nommer *leur Dieu comme étant le Dieu «de Jésus Christ».*

La passivité institutionnelle du laïcat trouve sa raison première et dernière dans une certaine image de Dieu, dans la relation historiquement aliénée que cette image reflète et nourrit [14]. Autant

---

13. *Libérer Jésus,* Paris, Le Centurion, 1977, p. 38.

14. «Le laïc aidera le prêtre à être vraiment prêtre, par son avidité à accueillir la donation et l'influence sacerdotales, doctrine, sacrements, lois évangéliques, tout cela chargé de grâces. Le laïc, par son témoignage de la vie chrétienne dans le monde, poursuivra dans toutes les directions latérales *le mouvement descendant issu de Dieu*» (G. PHILIPS, *Le rôle du laïcat dans l'Église,* Tournai et Paris, Casterman, 1954, p. 151. Les italiques sont de moi). La logique ecclésiologique de ce texte est claire. Une tout autre logique est proposée dans un court article fort intéressant de G. Raymond («Le rôle des fidèles dans la manifestation, la reconnaissance et la proclamation de la Révélation», à paraître dans les Actes du Congrès de 1986 de la Société canadienne de théologie).

affirmer que sans une conversion de cette vision de Dieu, le laï-cat n'a aucun avenir. La confession de Jésus Christ comme Libé-rateur permet-elle d'être libéré de ce Dieu pervers, des mots qui le disent, et de la relation dans laquelle il est en train de détruire la liberté humaine? La foi chrétienne confesse que Jésus Christ a instauré des relations neuves et libératrices avec Dieu. Encore est-il nécessaire de les apprendre et de les nommer sans cesse, *dans* la vie, *à partir de* l'existence, toujours plus ou moins libre, que les hommes et les femmes sont en train de vivre.

Encore une fois, il y va d'une réalité aussi historique et con-crète que l'avenir du laïcat. En effet, seul cet acte qui tente de nommer («Dieu est le Dieu *de Jésus Christ*») affranchira éven-tuellement les laïcs de l'emprise des personnes et collectivités qui s'approprient Dieu, se font les garants de sa vérité et tentent de la leur imposer. Seul il permet d'échapper à la mainmise des clercs, dans la mesure où le clerc est celui (ou celle) qui se dit le seul sujet actif d'une relation, et s'arroge la vérité de cette relation parce qu'il a d'abord identifié sa propre vérité comme vérité «de Dieu». De ce point de vue, l'ambition est courte, qui se borne à vouloir transformer immédiatement le statut ecclésial et les com-portements de ceux qui sont aujourd'hui identifiés comme étant du clergé. Sans le détour par les questions sur Dieu, il est à parier qu'on favorise l'émergence d'autres clercs, hommes ou femmes «de Dieu», qui se diront directement rattachés à Dieu, et qui, sans être les anciens clercs, s'arrogeront tout autant le droit de maintenir autrui dans une passivité absolue.

Se situer du côté de Dieu

Les laïcs se voient imparti le statut d'objet passif par le jeu d'une tenue à distance de Dieu. Cette dynamique éloigne Dieu, force son retrait derrière une absolue transcendance qui semble sans rapport avec la marche de l'histoire. Elle veut ainsi le sau-vegarder comme commencement absolu de tout, mais l'érige, en

---

L'aveugle du chapitre 9 de l'Évangile de Jean y est montré «comme paradigme du fidèle» en ce qu'il «se révèle *agent* tant de la *manifestation de Dieu* que de sa réception croyante» (les italiques sont de moi).

fait, comme une instance absolue de culpabilisation qui, loin de toujours commencer la libération, aliène absolument. Pourquoi ce jeu détruit-il la liberté humaine? L'histoire est le lieu où les êtres humains sont aux prises avec les limites de ce qu'on appelle «le monde». Peut-elle, dès lors, être située ailleurs qu'*en face de* Dieu, et qui plus est comme son *contraire* radical?

Par ailleurs, voilà ce qui fut confié en propre aux laïcs; c'est la profanité du monde qui spécifie leur statut ecclésial. Autant dire qu'ils ont appris à se situer en face de Dieu, séparés de lui par cela qui est son contraire (les limites du monde) et qui les définit. Pour dire un deuxième défi: *les laïcs ne quitteront pas leur statut d'objet passif s'il leur est impossible de se situer* du côté *de Dieu.*

Tant et aussi longtemps qu'ils se donnent le monde (ou qu'on le leur confie, sans réaliser sans doute qu'il s'agit d'un cadeau empoisonné) comme élément définisseur de leur être et de leur mission, ils sont forcés de vivre les limites de l'histoire comme un obstacle qui s'interpose entre eux et Dieu. Les laïcs n'ont pourtant pas le loisir de quitter l'histoire, puisqu'elle est leur lieu propre, cela même qui les définit ecclésialement. Ils sont ainsi lancés dans une quête a priori désespérée et désespérante. Comme la carotte devant le nez de l'âne, Dieu s'éloigne d'eux à mesure qu'ils s'en approchent: une fois tel défi relevé, une fois certaines limites vaincues, en effet, d'autres surgissent qui reportent Dieu un peu plus loin. Par la grâce de l'histoire, les humains n'en ont jamais fini, une fois pour toutes, dans leur lutte avec les limites de leur monde. Si les laïcs ne peuvent pas se situer du côté de Dieu, leur quête de Dieu les condamne donc, concrètement, à une frustration sans fin, dont ils ne peuvent espérer sortir pendant le temps de l'histoire.

«Hommes de Dieu», happés tout entiers de son côté, les clercs se sont faits lointains et étranges. Ils ont longuement appris à se situer en face des laïcs, et c'est bien là qu'on veut les repousser quand ils tentent de se faire plus proches. Quant à eux, et parce qu'ils sont toujours aux prises avec l'univers des limites, les laïcs n'ont d'autre choix que de se tenir *en face du clergé,* loin de lui, et forcés d'ériger les clercs comme référent d'une vie «selon Dieu». Mais s'ils sont habilités à se situer «du côté de Dieu» et à renverser ainsi la dynamique de leur rapport à lui, ils ne font pas que quitter leur statut (pour ainsi dire ontologique) d'objet passif. En principe (*in principio:* dans le principe même qui peut inaugurer autre chose) *ils sont devenus capables de subvertir radicalement leur rapport aux clercs.* Car ce rapport ne peut évidemment plus être du clergé au laïcat, de sujet à objet. Ce faisant, ne démontrent-ils pas l'inanité de la structure ecclésiale présente, de l'organisation des rapports clercs/laïcs telle qu'elle est aujourd'hui structurée? Est-il encore justifiable de parler de «laïcs» et de «clercs», si la possibilité est offerte aux êtres humains de confesser un Dieu qui a tout pris «de son côté»? On se prend à rêver...

Appelés à vivre Dieu dans l'histoire

Il y a des rêves qui aliènent. D'autres libèrent, dans la mesure où ils débloquent la fierté et enclenchent un travail historique de libération. Il est beau de croire que l'humanité est déjà du côté de Dieu. Cette prétention cependant est elle-même mortifère, si, pour vivre du côté de Dieu, les hommes et les femmes doivent s'exiler hors du côté de l'histoire. Pour que les laïcs puissent effectivement convertir leurs relations à Dieu et sortir de la passivité (et donc de l'emprise des clercs), on doit pouvoir ajouter: *c'est «ici et maintenant» que les êtres humains peuvent être du côté de Dieu.*

Déplorer l'éloignement du Dieu des visions coutumières, c'était formuler, comme en creux, la nécessité d'un Dieu proche, habitant une histoire qui est l'habitat naturel de l'humanité. Cette histoire (personnelle et collective) se charge elle-même de proposer les défis d'un travail de libération, les tâches à assumer pour que s'écrive l'histoire de la liberté. En cherchant ailleurs, dans quelque ciel éthéré et sans consistance historique, l'espace de leur vie-en-Dieu, hommes et femmes cessent d'être le sujet de leur histoire.

Pendant leur absence de l'histoire, l'espace humain n'a pas

cessé pour autant de dire les transformations historiques nécessaires et l'urgence des tâches humaines. L'exil en Dieu les a concrètement paralysés. Et c'est Dieu, plus justement leur vision de Dieu, qui est cause de cette aliénation. En effet, leur fuite et l'abandon de leurs responsabilités les a concrètement soumis aux visées de puissances qui, pendant ce temps de leur exil, travaillaient l'histoire selon leurs intérêts propres. Il n'est pas étonnant que croyantes et croyants se retrouvent alors dans un monde qu'ils ne reconnaissent pas, dont ils se sentent maintenant esclaves: «Qui veut faire l'ange fait la bête.» Le laïcat ne peut parvenir au statut de sujet actif si *l'histoire et ses limites ne sont pas devenues le lieu obligé d'une vraie rencontre avec Dieu, le seul lieu de la vie-en-Dieu, de la responsabilité et de l'activité croyantes.*

Si se déplace ainsi le lieu des rendez-vous avec Dieu, les rapports des laïcs avec le clergé deviennent inévitablement autres, différents. Les laïcs ne peuvent évidemment plus s'accommoder d'attitudes et de comportements grâce auxquels le clergé continuerait, lui, de se faire étrange et lointain. Mais la question est plus radicale, elle quitte le niveau des attitudes et des comportements et remet en cause *la possibilité même d'un clergé seul-sujet-actif.* Les laïcs se définissaient par la négative, ils n'étaient ecclésialement rien. Se prétendant désormais du côté de Dieu, et appelés à l'être en cela même qu'on considérait auparavant comme en bas, y a-t-il encore un «bas» qui demeure, et un «haut» qui spécifierait la place des clercs? La structure présente des relations clercs/laïcs a perdu sa justification. Les deux termes sont en effet disparus, *tels qu'on les comprenait, et tels qu'on les faisait intervenir dans la dynamique de la relation.*

Existence de Dieu et décision humaine

Les deux derniers points permettent d'aller plus loin. Le statut d'objet passif trouve sa raison d'être dans l'absolue passivité de tout ce qui, dans le schéma, est situé en bas de Dieu. Il est beau d'affirmer, pour guérir cette passivité, la possibilité d'être désormais du côté de Dieu, de préciser qu'une telle proximité se vit ici et maintenant, et de conclure à un mariage de Dieu et de l'histoire. Mais comment Dieu, par les croyants, intervient-il dans l'histoire, et comment les croyants font-ils entrer leur monde dans la liberté gratuite de Dieu? Sans réponse à cette question, on peut fort bien déplacer la vieille logique dichotomisante, tout en la gardant intacte. Elle jouera cette fois *à l'intérieur des consciences croyantes,* et celles-ci seront plus que jamais victimes de structures perverses.

Comment concevoir les rapports entre la *foi* des croyants et leur *histoire* humaine? Une chose est certaine: l'existence historique ne peut pas être vue comme un passage qui n'irait que *de* la foi *vers* l'histoire. Et pourtant, certaines compréhensions de la foi, certaines façons de la vivre, laissent entendre qu'elle constitue un univers en soi, où loge la vérité de Dieu, où peut être puisée la vraie nature de l'histoire, et *d'où* on peut ensuite aller travailler à une transformation du monde qui dise la volonté de Dieu sur le monde.

Mais quand les croyants affrontent les ambiguïtés du monde, ils ne savent plus très bien la forme historique que doit prendre la vérité supposément prédéfinie dans leur foi. S'ils ont cessé d'être écartelés entre deux pôles extérieurs (Dieu et le monde), c'est à l'intérieur de leur conscience qu'opère maintenant la dichotomie, à l'intérieur d'eux-mêmes qu'ils vivent la déchirure. Ne s'ouvrent que deux voies possibles: ou le monde est absolument réfractaire à la vie divine, et le seul loisir est de prendre refuge dans la foi comme capacité de retrouver directement Dieu; ou le passage de Dieu dans le monde s'effectue immédiatement, sans se médiatiser, sans médiation: l'intervention de Dieu, directe, se fait toujours sous le mode du miraculeux. Dans l'un et l'autre cas, c'est la *liberté humaine* qui est méprisée, elle n'a pas à intervenir puisqu'elle ne pourrait que brouiller l'immédiateté des rapports entre Dieu et le monde. Voilà pourquoi, en disant la place de Dieu dans le schéma déductif, j'en parlais comme d'un commencement absolu, mais précisais qu'il est surtout vu comme un *absolu de commencement*: il commencerait toujours à intervenir immédiatement, sans que la liberté humaine des croyants puisse décider quoi que ce soit.

On ne quitte donc pas la logique exclusivement déductive, s'il est impossible de confesser: *Dieu existe dans l'histoire lorsque des personnes et des collectivités décident humainement de le faire exister.* Précisons: en des décisions qui, par définition, ne sont jamais chimiquement pures. Tout autre Dieu n'est pas digne de l'être humain, car il présuppose un être humain qui n'est pas digne de Dieu.

Un tel respect pour la décision humaine ne nie pas la gratuité de Dieu, il est même nécessaire pour que cette gratuité soit respectée *comme* gratuité, et Dieu comme Dieu. Se joue ici, tant cette question est fondamentale, le sort de toute anthropologie. Je dirai seulement qu'on mesure un peu son importance aux répercussions qui s'en font sentir sur le statut ecclésial des clercs et des laïcs. Si les laïcs peuvent loger leur foi en Dieu *dans* leurs décisions humaines, ils cessent de concevoir son agir comme une intervention directe dans l'histoire, et leur humanité devient nécessaire à Dieu lui-même, pour son existence dans le monde. Comment consentiraient-ils à continuer de vivre une relation où le clergé est tout et où ils ne sont rien?

La question de Dieu, au premier regard, semble indifférente au sort concret des laïcs. À y regarder de plus près, cependant, on constate qu'il faut absolument y revenir si on veut débloquer le présent et ouvrir l'avenir du laïcat. La structure actuelle des rapports clercs/laïcs définit chaque terme d'une manière telle que, pour que la structure soit convertie et que disparaissent des rapports de sujet à objet, les termes eux-mêmes doivent disparaître. L'avenir du laïcat, c'est qu'il disparaisse. Et que se lève un peuple de croyantes et de croyants qui noueront entre eux des relations de foi dont tous, personnellement et communautairement, seront humainement responsables.

Chapitre troisième

(JÉSUS) CHRIST

Médiateur entre Dieu et les hommes

Après Dieu vient le Christ. Dans le schéma, le Christ constitue le deuxième élément, ce qui donne déjà à entendre qu'on le comprend, pourrait-on dire, sur fond de Dieu. Mais le situe-t-on comme on situait Dieu? Notre héritage était sans doute très cohérent. On peut présumer que la mentalité religieuse propose une structure de vie et de pensée rigoureuse, une structure à laquelle aucun des éléments n'échappe. Il est donc légitime de se demander si la logique déductive a joué dans notre compréhension de Jésus Christ, si, parlant cette fois de celui que nous confessons comme Sauveur, on posait un *haut actif* et un *bas passif*.

Le Dieu des visions spontanées, si tant est qu'on entretient avec lui des relations où la liberté humaine est condamnée à la passivité (et remarquons en passant qu'il y a alors contradiction dans les termes), ne réussit pas à se médiatiser dans l'histoire. Parler maintenant de Jésus Christ, c'est donc s'interroger sur sa médiation. Chrétiennes et chrétiens le confessent comme *unique médiateur entre Dieu et les hommes*. Mais il y a souvent une distance entre la confession explicite et les structures de pensées et de vie. Par ailleurs, la théologie ne peut évidemment pas expliquer la médiation de Jésus Christ: celle-ci renvoie trop au mystère de sa personne, elle est irréductible à un concept, et même à tout système qui veut donner cohérence à un ensemble de concepts. Du moins la théologie peut-elle tenter de poser les bonnes questions, et, surtout, de situer au bon endroit les questions que la médiation de Jésus Christ propose.

Où et comment se lève l'interrogation chrétienne concernant le Christ Médiateur? Propos immense, qui appelle une réflexion sur l'ensemble du mystère christologique, et qu'il est donc impossible d'honorer pleinement dans les limites de la présente démarche. Mais le défi peut commencer à être rencontré si on se souvient de l'objectif précis qui est poursuivi: vérifier l'hypothèse selon laquelle la mentalité religieuse chrétienne (cette fois: notre vision du Christ et de nos relations à lui) répondait et répond encore à un mouvement *exclusivement déductif*. La poursuite de cet objectif respectera les trois moments déjà établis dans le chapitre précédent: après avoir qualifié l'héritage, dire en quoi il prend forme dans la structure des relations clercs/laïcs, et ouvrir des voies à l'avenir du laïcat.

1. Une vision théiste même de Jésus Christ?

Le titre de ce chapitre met un terme (*Jésus*) entre parenthèses. Cette mise entre parenthèses est délibérée, elle suggère, à un premier regard, que notre héritage a épuisé *tout* le mystère de Jésus Christ dans le deuxième terme, le *Christ*. La confession chrétienne renvoie à une réalité complexe, dans laquelle deux termes (*Jésus* et *le Christ*) sont aussi essentiels l'un que l'autre. Voilà qui dit déjà une exigence, car un rapport chrétiennement juste à Jésus Christ exige des croyantes et des croyants qu'ils respectent pleinement, à la fois et en même temps, sa divinité *et* son humanité. Plus encore: il ne suffit pas d'affirmer les deux pôles comme s'ils ne faisaient que se côtoyer; quels sont leurs *rapports,* quel type de *relation* entretiennent-ils?

Mon hypothèse est que cette relation a été essentiellement réfléchie sous le mode de la causalité physique. Ce faisant, c'est *à l'intérieur même de la personne de Jésus Christ* qu'on a opéré une césure qui dichotomise, enfermant l'humanité et la divinité de Jésus Christ en deux mondes dont on voit mal en quoi ils sont réconciliés, deux mondes qui, à la limite, ont fini par apparaître contraires et contradictoires. Je dirais plus précisément que la divinité de Jésus Christ a été comprise comme un *haut* où il se réalisait comme *sujet-de-salut,* et un *bas,* son humanité, *objet passif* soumis aux desseins de salut que Dieu, de toute éternité, nourrissait pour l'humanité. Bernard Sesboué rejoint la question que je pose: «Il était loin d'être sûr cependant que ce courant porté à ne voir en Jésus que Dieu et à sous-estimer l'homme authentique ne soit pas parvenu jusqu'à nous par de multiples canaux. La prédication est toujours le reflet de la théologie d'une période, et celle qui a formé ce que l'on appelle le catholicisme 'classique' a été marquée peu ou prou de la tendance 'monophysite', c'est-à-dire, on vient de le voir, celle qui ne retient que la nature divine du Christ[1].»

Le Christ de gloire

La perception commune veut que la «vérité vraie» de Jésus Christ se déploie dans le champ de sa divinité, et là seulement. Dire Jésus Christ, c'est identiquement dire Dieu. La prière spontanée, ai-je déjà indiqué, reflète bien cette identification qui réduit tout le mystère personnel à un seul de ses éléments définisseurs: on s'y adresse indifféremment à Dieu ou à Jésus, tout en visant une seule et même réalité, indifférenciée.

L'idée qu'on se fait communément de la *conscience* de Jésus est particulièrement révélatrice de la structure présente de la mentalité chrétienne. Elle dit, aussi et malheureusement, une impuissance, celle de voir son humanité autrement que comme une chose insignifiante, objet soumis aux diktats de la divinité. Il faut ajouter que les discours théologiques n'ont guère aidé. Trop d'entre eux refusent encore, a priori, que la conscience de Jésus fut soumise aux lois de toute conscience humaine, qu'elle était une réalité vraiment *historique,* et donc obligée au cheminement, confron-

---

1. *Jésus Christ à l'image des hommes,* Paris, DDB, 1978, p. 21.

tée aux limites, à l'ambiguïté, à la tentation, au doute. «La christologie traditionnelle», écrit Bruno Forte, comprend «la conscience de Jésus à partir d'un schéma descendant. (...) Il en découlait l'image d'un Jésus 'omniscient', constamment en présence de la contemplation de Dieu dans la béatitude[2].» Le peuple chrétien a donc appris à «diviniser» la conscience de Jésus, à en faire un lieu d'*immédiateté,* d'un contact direct et constant avec Dieu, cette divinisation devant intervenir le plus tôt possible, dès le sein de Marie sa mère.

Les conséquences de telles entreprises se font encore cruellement sentir. Elles ont habitué à déporter le sens de salut hors de l'humanité de Jésus Christ, celle-ci devenant une sorte de parenthèse salvifiquement insignifiante. Ce faisant, on confie à Jésus un rôle qui, faute de prendre au sérieux l'Incarnation et ses lois, retire sa médiation de l'histoire. Il devient distant, semble vivre dans l'histoire humaine sans trop s'y compromettre, y cheminer mais connaissant déjà avec exactitude le point d'arrivée, lutter avec la prescience absolue d'une victoire finale. Il s'avance souverainement vers la mort sans éprouver dans sa chair les lois implacables de la mort, car il «sait» la résurrection, qu'elle seule compte, qu'elle est donc *sans rapport* avec la mort et son épaisseur de fait historique. Pour la théologie traditionnelle, écrit encore Bruno Forte, «c'était par condescendance envers l'humanité et dans un but pédagogique que Jésus jouait le rôle de celui qui ignore quelque chose: sa condition humaine était une 'parodie d'humanité[3]'». Ont-ils tort, ceux et celles qui refusent un tel Jésus et trouvent qu'il constitue le pire des mépris jamais montré envers la liberté humaine? Le pire, puisqu'il se donne une justification absolue, dans une certaine compréhension de la divinité de Jésus, et donc en Dieu même.

Au fond, notre héritage a privilégié deux moments dans l'existence de Jésus Christ: d'abord, à l'Incarnation, la descente de Dieu même dans l'histoire des hommes, puis le retour vers Dieu à la Résurrection. L'entre-deux n'est pas sans intérêt, puisqu'on

---

2. *Jésus de Nazareth, histoire de Dieu, Dieu de l'histoire,* Paris, Cerf, 1984, pp. 184-185.

3. *Ibidem.*

y voit Jésus mener une vie «exemplaire». Mais cela réduit justement la vie humaine de Jésus Christ à une fonction d'exemple, de modèle. Jésus devient le «Sublime Exemple», tout cela mais rien d'autre. Pourquoi les travaux christologiques de F.-X. Durwell, publiés il n'y a quand même pas si longtemps, ont-ils paru si libérateurs[4]? On avait pris l'habitude, en réduisant le mystère personnel de Jésus Christ à sa divinité, d'assimiler *Pâque* et *résurrection,* les deux termes s'équivalant et proposant en somme un contenu identique. L'intention de Durwell rompt avec ces visions coutumières, et parle de la Pâque comme de la mort-résurrection. La mort de Jésus (et donc, dans un retour inévitable, toute son existence historique) devient ainsi partie prenante du mystère pascal. Elle est chrétiennement essentielle, dans le sens (minimal) où la divinité de Jésus Christ ne peut être correctement située *hors ses liens* avec son humanité et l'histoire concrète de cet homme concret.

Seule comptait la divinité du Christ, elle seule était le sujet d'un salut qu'accompagnait passivement, que subissait pourrait-on dire, l'humanité de Jésus. Paradoxalement peut-être, cette dichotomie est confirmée par le peu de place (ou l'absence) de l'Esprit dans la mentalité générale et les discours des Églises d'Occident. Celles-ci ont connu, il y a quelques années à peine, un surgissement remarquable de l'Esprit. Disons plutôt: un éclatement de paroles sur l'Esprit. On y était si peu habitué que la vie et la réflexion furent prises de court. D'une part, la théologie réalisa la pauvreté de ses discours pneumatologiques, leur abstraction et le peu d'intérêt qu'ils présentaient pour une conduite de la vie chrétienne et ecclésiale. Pire encore: ce sont tous les champs de la réflexion (christologie, ecclésiologie, etc.) qui avaient perdu le souci de prendre en compte, chaque champ pour soi, la place et la fonction de l'Esprit de Jésus Christ. Faute de quoi les croyants se retrouvèrent démunis, incapables de nommer l'Esprit qu'ils disaient vivre et de l'identifier comme Esprit *de Jésus Christ.* Il est vite devenu évident, en effet, que beaucoup tiraient

---

4. On lira avec grand profit son œuvre maîtresse, récemment rééditée: *La résurrection de Jésus mystère de salut,* Paris, Cerf, 1982. Cf. aussi *L'Eucharistie, sacrement pascal,* Paris, Cerf, 1980.

l'Esprit tout entier du côté du merveilleux, l'assimilaient à l'extra-ordinaire, à l'insolite, tellement indicible qu'il voulait tout dire, n'importe quoi, et finalement... rien. «Quand on ne sait plus comment être, écrit Jean Duché, les faux-semblants aident à vivre, l'insolite rassure[5].»

En quoi ce phénomène constitue-t-il un appui supplémentaire à l'hypothèse selon laquelle la personne de Jésus Christ était comprise selon un seul pôle, celui de sa divinité? L'ignorance pratique de ce qu'on situait en bas (c'est-à-dire l'humanité de Jésus et le rôle de l'histoire dans sa conscience personnelle) empêchait qu'on devine en quoi l'Esprit a d'abord dû intervenir dans l'existence *de Jésus lui-même*. À toute fin pratique, Jésus était identifié à Dieu, et on se demande bien en quoi l'Esprit aurait été nécessaire à l'accomplissement de son être et de sa mission. Le Nouveau Testament fait dire à Jésus que son départ est «pour notre avantage», et que l'avantage consiste justement dans le fait que le départ de Jésus assurera le «don de l'Esprit». Mais comment ce don pourrait-il être à notre avantage, s'il ne l'est d'abord pour Jésus? Tout se tient: sans les fondements christologiques d'une vie-en-Esprit, l'anthropologie chrétienne était elle-même mal préparée à respecter la place qui revient à l'Esprit dans la conduite historique de nos vies. Une fois qu'on a cessé de voir les liens de l'Esprit avec l'humanité de Jésus (ce qui est inévitable quand on *n'*approche son mystère *que* par le biais de sa divinité), il est impossible de bien assurer son mariage avec l'histoire, avec notre histoire. D'où suivent les distorsions de l'existence, l'insolite des comportements, et les exagérations inacceptables du langage.

L'humanité de Jésus et sa médiation de salut

Entre-temps, que devient le pôle de l'humanité? Quand tout le sens de médiation est allé se réfugier du côté de la divinité, l'agir sauveur n'échappe-t-il pas à l'homme qu'est Jésus, plus précisément à ce qui devrait le constituer comme un être humain

---

5. *Le bouclier d'Athéna. L'Occident, son histoire et son destin,* préface de Fernand Braudel, Paris, Robert Laffont, 1983, p. 106.

véritable: sa liberté et sa capacité de décision? L'histoire de Jésus devient en effet le long récit d'une soumission passive. Soumission à Dieu, mais, plus directement encore, soumission de son humanité au Dieu... qu'il est lui-même!

On continue bien sûr de parler de l'humanité de Jésus Christ. Comment oser se dire chrétien si, dans le regard posé sur Jésus Christ, on bouche tout le champ de son humanité et de son histoire? L'exclusive du premier pôle ne rend donc pas muet sur le second. Au contraire, et aussi paradoxal que cela puisse paraître, les discours se font d'autant plus nombreux et éloquents que toute la vérité de Jésus Christ est censée s'être épuisée dans sa divinité. Est-on jamais plus éloquent que lorsqu'on se porte à la défense d'une cause désespérée? Il ne suffit toutefois pas de parler d'une réalité pour assurer qu'elle soit située d'une manière chrétiennement valide. Encore faut-il se demander: *comment* parle-t-on alors de l'humanité de Jésus et, surtout, comment est-elle située dans la dynamique infrangible du salut chrétien? Plus précisément encore: dans l'acte de médiation de Jésus Christ, comment comprend-on les *relations* de son humanité avec sa divinité?

Question immense, évidemment. La christologie s'est-elle jamais affrontée à d'autres interrogations que celle-là? Ici, l'ambition est modeste et demande seulement ce que devient l'humanité de Jésus quand tout le mystère a fui du côté de sa divinité. Jaillissant de mentalités religieuses qu'en retour il nourrit, le langage glisse en fait sur deux pentes apparemment divergentes. La sagesse populaire et la philosophie observent que les contraires sont du même genre, et cette rencontre surprenante des contraires se confirme effectivement par le langage qui est communément employé pour dire l'humanité de Jésus. Deux types de rapport aux textes du Nouveau Testament peuvent, en particulier, illustrer ces deux glissements de langage et de mentalité.

1. Le premier rapport mériterait une analyse aussi précise que possible, car il emprunte parfois des formes tellement raffinées qu'il est possible d'entrer dans son mouvement sans même s'en apercevoir. Mais le sort qu'il réserve à l'humanité de Jésus est trop clair pour qu'il soit nécessaire d'insister longuement. Un regard est posé sur l'humanité de Jésus, un retour effectué vers

son histoire, vers ce qu'il a été, ce qu'il a dit et fait. Mais le retour n'a finalement pour objectif que de *passer directement à sa divinité*. Pratiquement, son humanité ne sert que de prétexte. On recourt aux dits et gestes de Jésus, mais ceux-ci ne sont qu'un appui dont se sert la foi pour aussitôt les quitter, sauter ailleurs, s'élancer vers le vrai monde, celui qui compte du point de vue du salut et de la médiation, et qui est le monde de sa divinité[6].

Ce procédé cache mal ses présupposés. Un tel rapport à l'histoire de Jésus n'est effectivement possible que si Dieu lui-même intervient directement dans chaque geste et chaque mot, à tous les moments de la vie de Jésus, et divinise, en quelque sorte, chacune de ses paroles et chacun de ses gestes. L'agir de Dieu apparaît souverain, capable d'une «introjection» constante, grâce à laquelle il prend à tous les instants l'initiative de donner à la vie de Jésus, à ses mots et gestes, un sens tout autre que celui que cet homme est humainement capable de décider. Malgré que ses mots demeurent des mots humains, donne-t-on à comprendre, il ne faut surtout pas s'arrêter sur eux et porter attention à leur sens humain premier, puisque chacun n'est qu'une occasion pour Dieu de révéler directement le salut. On verse ainsi dans un rapport à Jésus où tout est merveilleux, où chaque mot et chaque geste opèrent miraculeusement. Autant dire que l'humanité de Jésus est salutairement insignifiante. Ce qu'il a pu décider comme être humain, ce qu'il a pensé, vécu et dit, l'histoire de sa liberté personnelle et sa propre insertion dans l'histoire de son peuple, tout cela n'est qu'*objet passif* livré tout entier à une intervention directe de Dieu.

Une expérience-limite vient comme cristalliser l'activité de

---

6. On comprend que l'immense majorité des croyants et des croyantes continuent d'être façonnés par de tels schèmes de pensée, quand on réalise que la christologie elle-même, au jugement de B. Sesboué, commence à peine à réagir contre une telle vision et de telles visées: «En réaction contre une théologie trop immédiatement installée dans l'analyse de la divinité de Jésus, au risque de porter atteinte à la réalité et aux conditions de son existence humaine, la christologie d'aujourd'hui prend son point de départ dans son humanité. C'est là qu'elle veut lire d'abord l'expression de la relation filiale de Jésus à son Père, constitutive de son identité» (*Jésus Christ dans le temps de l'Église,* Paris, Desclée, 1982, p. 38).

Dieu et la passivité de l'homme Jésus, et c'est la *résurrection*. Comment, dans ces perspectives, la lire autrement que comme le miracle par excellence, accomplissement absolu du merveilleux? Elle est simple occasion pour Dieu de s'emparer d'une autre expérience-limite, celle de la mort, et d'insuffler en elle un sens qui est son *contraire* même, un sens de vie. Voilà sans doute pourquoi ce qui fut dit plus haut du mystère pascal était rendu possible: tout le contenu positif de la Pâque ne se comprenait que par un des deux pôles, la résurrection. Toutefois, force est de constater que si la résurrection accomplit, ainsi et absolument, l'agir souverain de Dieu, elle consacre également la souveraine passivité de l'homme Jésus.

Rien n'est changé à la problématique si on précise que ce Dieu agissant est en Jésus, que Jésus l'est. L'affirmation ne réussit qu'à radicaliser une dichotomie qui opère maintenant des scissions à l'intérieur même de la personne de Jésus Christ. C'est dans son être qu'il y a désormais une séparation radicale de Dieu et de l'humain. Autant dire que la confession de la médiation n'a plus aucun sens. Elle chute dans l'absurde. Et si la foi chrétienne nous condamne au paradoxe, nous ne pouvons jamais nous en servir pour justifier l'absurdité. D'une part, on confesserait Jésus Christ comme Médiateur unique entre Dieu et les hommes, en même temps que, d'un autre côté et par la séparation absolue qu'on a présupposée, le sens de salut échappe à son humanité. De fait, un tel médiateur ne médiatise rien.

2. Passons à un second type de mentalité religieuse fréquemment rencontré. Le rapport à l'humanité de Jésus emprunte ici une direction qui semble tout à fait opposée à la première. Loin de réduire l'historicité de Jésus à un prétexte qui permet de fuir ailleurs, la foi vient comme s'engloutir dans l'épaisseur de faits bruts et objectivés. Je précise: des faits qui, dans et par leur historicité, diraient immédiatement le salut, d'une manière qui serait donc contraignante pour l'intelligence humaine. Si certains ne croient pas en Jésus Christ comme médiateur d'un salut universel, laisse-t-on alors entendre, c'est qu'ils résistent à l'«évidence des faits». Les mots et gestes inscrits dans le Nouveau Testament ne sont plus des prétextes pour passer ailleurs. Chaque geste, au

contraire, mérite qu'on se repose dans sa facticité brute, car celle-ci est devenue porteuse d'un sens de salut immédiatement livré. Et chaque mot que Jésus a dit devient, comme une évidence humaine, une «parole de salut».

Cette seconde mentalité cache mal, à son tour, un présupposé de taille: les rapports qu'elle établit entre les faits humains et la médiation supposent qu'on a d'abord considéré l'histoire comme un lieu où le salut peut être recueilli comme une donnée pour ainsi dire brute, un fait historiquement évident. En cela réside l'extrême fragilité de certains chrétiens et de certaines chrétiennes. Un tel rapport à l'histoire de Jésus laisse effectivement la conscience chrétienne tout à fait désarmée devant la critique historique (et l'histoire récente devrait nous avoir beaucoup appris là-dessus). On a posé une équivalence grâce à laquelle la divinité de Jésus est allée s'identifier à des mots, se perdre en des faits et des gestes déterminés. Il suffit donc de *recevoir* passivement l'histoire de Jésus, ce que disent ses gestes et ses mots d'homme, pour entrer dans la dynamique de sa médiation salutaire. Nous serions finalement l'objet passif d'un passé qui pré-contient toujours la vérité du présent.

Mais l'intelligence contemporaine fonde différemment le rapport au passé, aux faits passés; elle a démontré fort justement que personne (serait-ce un historien professionnel) ne peut se contenter de remonter en arrière avec, comme objectif, la simple cueillette de données factuelles. Dans l'aire plus précise de la foi, la conscience croyante découvre de plus en plus que les choses du passé, l'Écriture en particulier, disent et éclairent la foi à la condition que ce soit la foi d'aujourd'hui, toujours historiquement située, qui prenne l'initiative d'aller les interroger. N'est-ce pas ce que la théologie de la Libération, par exemple, est en train de nous apprendre?

Le second rapport constitue donc une deuxième manière de canoniser, pour ainsi dire, notre passivité, puisque l'intelligence humaine n'a qu'à se soumettre à l'évidence de salut que les mots et gestes livrent immédiatement. On prône un retour au passé, mais dans l'espoir d'y retrouver un homme qui dira en clair, *et donc immédiatement,* le salut. Aucune distance (qui dégagerait pourtant l'espace de la foi...) n'a été introduite ou n'est plus nourrie entre les mots et leur sens de salut. La médiation de Jésus Christ est une deuxième fois paralysée, sa divinité étant allée se perdre dans la facticité brute.

Les exégètes mettent en garde contre un recours à l'Écriture qui emprunte trop facilement la pente de ce deuxième mouvement. Mais malgré que les personnes et les communautés chrétiennes soient maintenant plus averties des dangers d'un tel fondamentalisme, échappons-nous aux séductions mortelles de sa logique? Je n'en suis pas certain. Il n'est que de voir la résurgence constante des tentatives qui présentent Jésus comme *modèle,* et la vie chrétienne comme une *valeur* ou un *système de valeurs.* On ne change rien à l'affaire si on emploie la majuscule (Modèle) ou qu'on qualifie de « sublime » ce modèle que serait Jésus. Tout comme on n'a pas quitté la problématique dénoncée une fois baptisées les valeurs et qu'on en parle comme de valeurs « chrétiennes »: si toute valeur est création de la liberté humaine, on a réduit Jésus Christ (et le salut) à n'être qu'un élément entre plusieurs dans l'univers *homogène* des valeurs.

Ici, la mort de Jésus constitue l'expérience-limite. Il faudrait en parler longuement, mais il suffira de rappeler la place qu'elle occupe dans la mentalité religieuse. Humainement et dans sa brutalité de fait, dit-elle autre chose qu'un point final? Elle marque le terme d'une vie, ferme le livre d'une existence humaine. Elle est donc ressentie par la conscience croyante comme un non-sens, le non-sens absolu et absolu *contraire* de la vie. Pour vaincre ce non-sens et parce qu'il faut dire la victoire de la résurrection, quelle autre voie que celle d'une spiritualisation moralisatrice? Jésus meurt, mais c'est d'une mort tout à fait exemplaire, pire que toutes les autres, et *c'est pour cela* que la résurrection prend tout son relief. Point n'est besoin d'insister: tant de spiritualités se sont construites qui ont exalté la mort d'une façon morbide, et ont prôné les souffrances, ces morts anticipées, comme une fin en soi, désirable puisque ce sont elles qui permettent de se rapprocher de la mort exemplaire, celle de Jésus. Comment, dès lors, lire l'abandon final de Jésus autrement que comme la soumission passive à une volonté suprêmement tyrannique de Dieu? Comment l'accueillir comme un acte humain souverainement libre, plus libre que tout acte qui se peut imaginer? Soumise à la facticité, et donc incapable de situer la résurrection (irréductible à la facticité d'un objet d'histoire) *dans* ce que Jésus est en train de vivre, la conscience a perdu Jésus Christ et s'est perdue elle-même dans une sorte de masochisme déshumanisant.

Le problème, bien sûr, en est un d'intelligence de la foi, et il soulève d'importantes questions épistémologiques. Mais il ne se pose pas qu'aux spécialistes de la réflexion. Au contraire! Que de chrétiens et de chrétiennes, encore aujourd'hui, sont profondément troublés dès qu'on leur propose une lecture de l'Écriture qui ne prend pas pour argent comptant un rapport d'immédiateté entre les mots humains et leur sens de salut. Et combien disent avoir perdu la foi le jour où, ayant cessé d'être crédules, ils ont décidé de ne plus abandonner le sens de leur vie entre les mains d'un modèle qui, à l'épreuve de l'intelligence humaine et d'un plus grand éveil à l'histoire, leur apparaît enfin comme n'étant effectivement qu'un modèle entre plusieurs autres, et qu'il occasionne les traumatismes auxquels est toujours soumise la liberté quand elle se laisse définir par l'idéal d'un modèle.

Pourquoi cette «perte de la foi», quand les mots et les faits attribués à Jésus sont soumis au crible de la critique historique, quand il a cessé d'être le Sublime Exemple, ou quand, dans un monde bouleversé, les valeurs qu'on disait «chrétiennes» se sont écroulées en même temps que toutes les autres? Encore une fois: parce que, sans en être toujours conscient, on a d'abord présupposé une *immédiateté* entre la divinité de Jésus Christ et son humanité, une immédiateté qui peut seule donner à des mots humains de livrer directement un sens de salut. On voulait probablement honorer l'Incarnation et l'histoire de Jésus, redonner à Jésus Christ la liberté d'un homme véritable, capable de décision, le respecter comme sujet humain actif. Mais on n'y est parvenu qu'au prix d'une *négation concrète de sa médiation*: la décision humaine n'est justement plus possible quand on suppose que Dieu intervient immédiatement, et que l'histoire est lue comme la transcription, simple et immédiate, d'un dessein de salut. La liberté de l'homme Jésus a donc été *objectivée,* souverainement soumise à la passivité.

Et voilà en quoi les deux contraires sont du même genre. Ces deux rapports à l'humanité aboutissent au même résultat, puisque tous les deux consacrent la *passivité* de Jésus Christ et empêchent qu'il soit réellement Médiateur historique du salut. D'autre part, cette paralysie de la médiation se produit en vertu d'un *vice* qui est *commun* aux deux approches: un des deux pôles à réconcilier (l'humanité historique) échappe concrètement à Jésus Christ, il n'entre pas comme élément essentiel et «définisseur» dans la compréhension du Médiateur comme *agent du salut.*

La foi chrétienne doit (et devra probablement toujours) résister aux visées qui dichotomisent la personne de Jésus Christ, soit en perdant son humanité dans une divinité anhistorique, soit en enfouissant sa divinité dans l'histoire d'un homme dont la liberté humaine deviendrait ainsi, du point de vue du salut, proprement insignifiante. Le nom même (Jésus Christ) indique une complexité et exige, au minimum, un double refus: pas de *Jésus* sans le *Christ,* et vice versa. Parce qu'il s'agit d'*un* double refus, le lieu du mystère christologique s'est précisé: non pas dans un pôle *ou* dans l'autre, dans Jésus *ou* le Christ, mais dans l'entre-deux, ce terrible espace blanc qui dit à la fois la fragilité et l'originalité chrétiennes. La langue française tend à éliminer le trait d'union qu'on introduisait entre «Jésus» et «Christ» pour dire le nom du Médiateur (*Jésus Christ*). J'y vois personnellement autre chose qu'un caprice de littérature. Le trait d'union, en effet, invite aux réconciliations trop hâtives, il favorise la paresse (intellectuelle ou autre) en disant trop vite qu'une seule et même personne accomplit la rencontre de l'humanité et de la divinité. Tandis que l'espace blanc révèle la fragilité de la foi, car il peut être perçu comme un vide, et ouvre toujours la possibilité d'entreprises qui dichotimisent et déchirent l'existence. Mais il indique aussi l'originalité de notre confession, dans la mesure où c'est là que le Dieu des chrétiens veut se glisser et dire la nouveauté radicale de son mariage avec l'histoire. *Là se déploie donc le champ de l'existence chrétienne.*

Voilà pourquoi, personnellement, je poserais une sorte de

question préalable à tous les spécialistes de la christologie: est-ce bien là, en cet endroit précis de l'espace blanc, que votre réflexion est en train de travailler? Seules nos façons d'habiter cet espace aideront éventuellement croyants et croyantes à faire échec à toutes les entreprises qui tentent dé déchirer l'unité infrangible d'une existence historique.

2. Aux clercs le Christ, aux laïcs l'Incarnation

Suite à ces considérations sur le mode selon lequel la mentalité chrétienne a pris l'habitude de percevoir la divinité et l'humanité de Jésus Christ, on peut se demander: chrétiennes et chrétiens d'aujourd'hui n'ont-ils pas une vision théiste... même de Jésus Christ? Raymond Winkling adresse ce reproche à «la théologie classique» qui, selon lui, «prétendait pouvoir fournir les explications en adoptant le point de vue de Dieu. Ce faisant, on avait tendance à oublier la valeur décisive de la vie d'humble obéissance de Jésus: l'humanité de Jésus s'estompait au profit d'une christologie qui, à force de mettre l'accent sur la divinité, n'échappait pas toujours à des formes subtiles de docétisme[7]». Si les relations clercs/laïcs sont aujourd'hui si tendues, si violence est même faite aux laïcs pour qu'ils demeurent dans leur passivité, n'est-ce pas parce que la structure ecclésiale reproduit concrètement ce théisme, qu'elle est comme le «sacrement» de la dichotomie qui défigure Jésus Christ Médiateur? L'Église est aujourd'hui organisée de telle manière que, pour justifier ses vices structurels, elle doit recourir à une christologie qui sépare ce qui est uni en Jésus Christ. En retour, l'organisation conforte et entretient cette christologie. Et voilà bien, en dernière analyse, la cause de notre tristesse face aux structures présentes, et la raison qui mobilise les énergies pour une conversion des rapports clercs/laïcs.

Le prochain chapitre analysera explicitement la théologie du *prêtre-médiateur,* cet «autre Christ» comme on disait, une expres-

---

7. *La théologie contemporaine (1945-1980),* Paris, Le Centurion, 1982, pp. 359-360.

sion devenue courante et qui indique bien quel pôle du mystère christologique les clercs se sont approprié (ou qu'on leur a donné en propre). Il sera alors possible de nommer un peu mieux, cette fois à partir des clercs, les distorsions christologiques sur lesquelles s'appuient la logique ecclésiologique et la structure ecclésiale que nous avons héritées. Pour le moment, il suffira de vérifier comment nous avons toujours la vision ecclésiologique que mérite notre christologie. Un bref regard sur le décret conciliaire *Ministère et vie des prêtres* illustrera cette fonction déterminante des fondements christologiques. Un regard qui ne se fixe pas seulement sur le produit fini, le décret lui-même (décembre 1965), mais évoque sa genèse et son mouvement en le comparant à sa première rédaction un peu consistante, le *Document IV* (novembre 1964[8]):

1.   Tous les commentateurs s'accordent à reconnaître la nouveauté révolutionnaire de l'approche prise par Vatican II pour situer la place ecclésiale des prêtres et des évêques. Certes, de grosses ambiguïtés demeurent, mais elles semblent normales dès qu'on situe le décret dans les perspectives de la longue histoire. Il est cependant clair que le Concile a désacerdotalisé le vocabulaire qui disait le presbytérat et l'épiscopat. Une désacerdotalisation qui va plus loin, qui affecte la théologie encore plus que les mots. Le passage vécu par les pères conciliaires peut être dit de la façon suivante: dans le *Document IV,* les prêtres ont *pouvoir* d'«offrir visiblement le sacrifice (...) sanglant du Christ», tandis que dans la rédaction finale, ils sont devenus des *serviteurs,* leur *ministère* se comprenant comme une *fonction diaconale,* qui ne peut être dite correctement que par une terminologie qui quitte le vocabulaire du pouvoir et emprunte celui du service.

Mais quels fondements christologiques permettent ce passage

---

8. On me permettra de renvoyer ici au premier chapitre de mon livre *Condition chrétienne et service de l'homme. Essai d'anthropologie chrétienne,* Héritage et Projet, 4, Montréal, Fides/Cogitatio Fidei, 74, Paris, Cerf, 1973, pp. 21-60. J'y reproduis le texte du *Document IV*. Tout le premier chapitre de ce livre est d'ailleurs consacré à l'évolution de la pensée conciliaire concernant les rapports entre le sacerdoce baptismal et le ministère ordonné.

du pouvoir au service? Les prêtres demeurent-ils des «hommes de Dieu», maintenant en tutelle les laïcs d'en bas? Sont-ils les détenteurs d'une immédiateté avec le Christ? Comme le laisse entendre la malheureuse habitude de Jean-Paul II d'écrire aux prêtres le Jeudi Saint: le «sacerdoce» des prêtres jaillit-il du Jeudi Saint, d'un Jeudi Saint vu comme la fête d'une chaleur qui ressemble à de la fusion et qui rendrait les prêtres beaucoup «plus proches» du cœur de Jésus que les simples laïcs[9]?

Effectivement il y a, dans le mouvement de la pensée conciliaire, un changement radical des fondements christologiques. Je note d'abord que la rédaction finale ne fait aucune allusion au Jeudi Saint. Mais plus encore. Dans le *Document IV,* leur pouvoir est transmis directement aux prêtres par *le Christ glorieux*: «Mais lorsque par son ascension il fut enlevé à leurs yeux, notre Pontife, assis invisiblement à la droite du Père, voulut cependant exercer visiblement son sacerdoce éternel dans l'Église de la terre, et rendre manifeste sa propre action. C'est pourquoi il se consacre de façon particulière, par l'onction de l'Esprit, «certains fidèles» qui pourront «agir en son propre nom». *Ministère et vie des prêtres* déplace radicalement ces justifications christologiques. Il ne relie plus directement le sacerdoce des prêtres au Christ de gloire, mais retrouve l'histoire et inscrit le ministère dans la foulée de l'*Incarnation*: «C'est ainsi que le Christ *a envoyé ses apôtres comme lui-même avait été envoyé par le Père*; puis *par les apôtres eux-mêmes,* il a fait participer à sa consécration et à sa mission les évêques, leurs successeurs, dont la fonction ministérielle a été transmise aux prêtres à un degré subordonné» (2e alinéa).

Peut-on être sensible à des glissements aussi fondamentaux quand on ne lit que la rédaction finale des textes conciliaires?

---

9. «En me référant à ces paroles de notre Maître qui contiennent les *souhaits* les plus merveilleux pour le jour anniversaire de notre sacerdoce...» (*Lettre du pape Jean-Paul II à tous les prêtres de l'Église à l'occasion du Jeudi-Saint 1985,* Typographie polyglotte vaticane, n° 3). Ces perspectives me paraissent bien étrangères à Vatican II. Je ne vois pas, pour ma part, en quoi les textes conciliaires pourraient justifier de fêter, le Jeudi-Saint, le «jour anniversaire» du «sacerdoce» des prêtres et des évêques.

Cette rédaction finale, redisons-le, véhicule tant d'ambiguïtés que le décret peut être tiré d'un bord ou de l'autre selon qu'on s'attache à la lettre ou qu'on accepte de se couler dans le mouvement du texte, dans sa dynamique et les courants de fond qui ont porté sa genèse. Ceci étant dit, en particulier, pour inviter à la vigilance. Tant d'entreprises, de plus en plus nombreuses aujourd'hui et venant parfois de très haut, chaussent maintenant des lunettes tridentines pour faire leur lecture de Vatican II. Curieux dépassement des textes, qui prétend faire avancer l'Église en l'invitant à reculer.

2. L'évolution de Vatican II est tout aussi remarquable en ce qui concerne les fondements christologiques du laïcat, plus précisément du *sacerdoce baptismal,* cette notion chrétienne fondamentale à laquelle on doit sans cesse revenir pour dépasser la problématique même du «laïcat».

Les commentateurs de Vatican II ont dit et redit que le concile a refusé de considérer les prêtres et les évêques comme une réalité ecclésialement isolée, qu'il a voulu, au contraire et de manière explicite, les comprendre *dans* le mystère d'une Église qui est remise à toutes et à tous et n'appartient donc pas aux clercs. La construction même de *Lumen Gentium* manifeste clairement cette intention. *Ministère et vie des prêtres,* pour sa part, prend la peine et le temps de commencer le court numéro consacré à *La nature du presbytérat* (n° 2) par un alinéa sur le sacerdoce baptismal. Chose surprenante et remarquable, les fondements christologiques qu'on donne alors à celui-ci sont précisément ceux qu'on utilisait auparavant... pour justifier le pouvoir des prêtres! C'est bien le Christ éternel, en effet, qui justifie radicalement le sacerdoce baptismal, celui qui est commun à tous les chrétiens et à toutes les chrétiennes. Ce sacerdoce se résout en une «participation» de «tout son Corps mystique à l'*onction de l'Esprit* que le *Christ* a reçue». Le mot *Oint* n'étant que la traduction du mot grec *Christos,* «Christ», et du mot hébreux *Masiah,* «Messie», il n'est plus pour Jésus Christ «un titre parmi d'autres, c'est devenu comme son nom propre (employé sans article) qui récapitule tous les autres. Et ceux qu'il a sauvés portent à juste titre le nom de «chrétiens[10]». Ce qui veut dire au moins ceci: les croyants et les croyantes ne sont pas baptisés dans un seul pôle du mystère de Jésus Christ, mais dans la totalité de son mystère personnel. Personne n'a donc en propre, comme son élément spécifique, l'humanité et l'histoire, tout comme personne ne peut s'approprier le Christ de gloire. Tous et toutes, parce que toutes et tous participent à l'onction de la Pâque, reçoivent en héritage Dieu *et* le monde, le salut *et* l'histoire. C'est sur le fond de cette commune dignité et de cette commune responsabilité que pourra éventuellement se comprendre le sacrement du ministère ordonné.

On continue malheureusement de définir la spécificité du laïcat par l'*incarnation* du salut dans le monde[11]. Qui ne voit le terrible danger? En remettant aux laïcs le monde et l'histoire, on les définit par cela qui, aujourd'hui encore, est précisément perçu comme échappant au sens de salut. Structurellement, les laïcs restent donc pris avec ce qui est chrétiennement et ecclésialement insensé, tandis que le clergé a le champ libre pour s'approprier le Christ de gloire et son œuvre de médiation. Mais quel irrespect pour Vatican II! Celui-ci ne justifie pas le sacerdoce de tous et de toutes par l'incarnation du salut dans un monde qui n'a pas sens de salut. C'est dans le Christ mort et ressuscité que tous et toutes sont baptisés, c'est la *totalité* du mystère pascal qui répond donc de leur sacerdoce. Mesurons tout de suite comment *Ministère et vie des prêtres* propose ainsi une vision autrement plus libératrice que celles auxquelles nous sommes habitués.

3. Jésus Christ et l'avenir du laïcat

Une chose est claire: hommes et femmes laïcs seront maintenus dans la passivité et la soumission aussi longtemps que n'aura pas été vécue et réfléchie différemment l'unique médiation de

---

10. P.-E. BONNARD et P. GRELOT, art. «Messie», *Vocabulaire de théologie biblique,* 3e édition, Paris, Cerf, 1971, col. 752.

11. Les *Lineamenta* maintiennent, par exemple, que voilà ce qui constitue «leur condition ecclésiale typique» (n° 23).

Jésus Christ. Tâche immense, redisons-le, puisque cette médiation sollicite toute l'attention de toute réflexion christologique. Cependant, et malgré des limites évidentes, le refus de toute dichotomie propose comme en creux des impératifs que doit faire siens quiconque s'intéresse à l'avenir ecclésial du laïcat. *Quatre pistes* s'ouvrent qui, par le biais de la médiation de Jésus Christ, précisent le sens *chrétien* de Dieu et disent ainsi pourquoi (en vertu de quoi) il faut changer l'organisation actuelle, une organisation qui ne crée des laïcs que parce qu'elle a d'abord créé des clercs.

Baptisés dans la Pâque

«Nommer Dieu» et voir ce que deviennent nos images spontanées lorsque c'est au Dieu de la confession *chrétienne* qu'on réfère, tel était le premier défi inscrit dans le chapitre précédent. La confession de Jésus Christ Médiateur interdit tout propos qui situe Dieu ailleurs que dans l'espace blanc qui se glisse dans le nom même de notre Sauveur. Rendez-vous peu rassurant, inquiétant, car, disions-nous, rien ne garantit a priori que cet espace n'est pas que du vide. Pourtant, cela ne suffit-il pas pour renvoyer au cœur de la Bonne Nouvelle? Une chance n'est-elle pas offerte aux personnes et communautés chrétiennes d'aujourd'hui pour qu'elles retrouvent l'originalité du Kérygme que proclament avec tant d'insistance les textes du Nouveau Testament? Jurgen Moltmann entend une invitation semblable: «Après une si longue période où les théologiens ne retinrent de l'image du Christ que *le visage immuable, impassible du Dieu de Platon, complétée par quelques traits de l'éthique stoïcienne,* le temps est définitivement venu de faire la différence entre le Père de Jésus Christ et le Dieu des païens et des philosophes (Pascal) au nom de la foi chrétienne. Cela correspond, au plan théorique, au *désétablissement* de la chrétienté par rapport aux religions civiles de leurs sociétés respectives où prédomine le théisme[12].» Comment opère le «désétablissement»? C'est dans *la Pâque* de Jésus Christ que tous et toutes sont baptisés, et leur Dieu ne peut être qu'un *Dieu du Passage.* Jésus Christ n'installe donc pas dans la satis-

---

12. *Le Dieu crucifié,* Paris, Cerf, 1974, p. 245.

faction passive des parvenus, dans le confort statique d'un monde *ou* de l'autre, de Dieu-pure-Transcendance *ou* de limites qui, absolutisées, finissent par bloquer l'histoire, la font mourir comme histoire. Notre Dieu est le Dieu du passage même. Il se donne donc à vivre *dans l'acte même où une liberté humaine est en train de se libérer.* La foi chrétienne refuse ainsi de mesurer le poids humain d'une personne ou d'une collectivité selon les normes de quelque idéal que ce soit, et surtout pas d'un idéal qui se servirait de Dieu pour consacrer l'absolu de ses normes. La confession de la Pâque entraîne plutôt cette autre confession: toute personne et toute collectivité est vraiment libre, qui est *en train de* se prendre quelque part pour *passer* ailleurs, sur le chemin d'une liberté promise et réalisée.

Mais les passages, pour être vécus et perçus comme rencontre de Dieu même, exigent une conversion des façons communes de penser et de dire Jésus Christ. Lui-même n'est pas installé passivement en Dieu, pas plus qu'il n'est tout entier englouti dans les limites de sa propre histoire. Il est *la Voie.* Dans le voyage de nos existences, il ne se perd ni dans le point de départ (la situation présente de nos histoires personnelles et collectives) ni dans un point d'arrivée imaginaire (Dieu tel qu'on pourrait enfin le posséder). Ni seulement mort ni seulement vie, c'est plutôt le Passage qui, en lui, est devenu radicalement possible, et c'est en cela qu'il est éternellement notre Médiateur. La résurrection le glorifie *comme Passant,* et voilà ce qu'il est éternellement, pour toujours en train de faire naître la vie du cœur même de la mort. C'est en un tel sens que nous le confessons comme Seigneur. Il est le *Passeur* éternel, dont l'amour ne se lasse pas d'offrir à l'humanité la possibilité de fabriquer une *histoire de salut et de liberté,* au lieu qu'elle soit condamnée à poursuivre le long récit de l'égoïsme et des trahisons de l'amour.

Baptisés dans le Passage, apprenant à rechercher Jésus Christ dans les passages humains que l'histoire leur propose de vivre, comment les laïcs pourraient-ils s'abandonner passivement entre les mains des clercs? Le cléricalisme est possible pour deux raisons: parce que les clercs se voient et sont vus comme hommes de Dieu (ou du Christ de gloire), et parce que cela les justifierait, grâce à la passivité dans laquelle ils maintiennent les laïcs, de se prétendre les *agents du passage.* Si c'est ainsi que se comprend et qu'est compris le «sacerdoce» des prêtres et des évêques, il n'est tout simplement pas chrétien. La confession de la Pâque remet à chaque personne et chaque communauté chrétiennes la possibilité et la responsabilité d'effectuer leurs propres passages: qui d'autre le pourrait à leur place, si tant est que l'histoire fait que ces passages leur sont propres? Meurent ainsi tant les clercs *comme* clercs que les laïcs *comme* laïcs, puisque la médiation de Jésus Christ est concrètement niée dès que surgit *la relation même* qui crée un clergé et un laïcat.

Laïcat et vie en Esprit

En vertu de quoi tous et toutes peuvent-ils *passer,* vivre leur histoire humaine comme l'écriture du salut? Ils sont devenus eux-mêmes médiateurs du salut grâce au *baptême,* qui les fait «participer à l'onction de l'Esprit que le Christ a reçue» et leur confère un «sacerdoce saint et royal», pour reprendre les termes de Vatican II. Ces expressions peuvent paraître vides, sans contenu humain. Elles renvoient pourtant au cœur de la confession chrétienne, à l'adhésion fondamentale sans laquelle rien ne serait ensuite possible. Elles ne confessent rien de moins que ceci: l'Esprit est toujours fidèlement offert, par le don de celui qu'il oint éternellement et instaure éternellement comme Médiateur entre Dieu et les hommes. En conséquence de quoi on peut affirmer que la condition baptismale constitue *un horizon indépassable de vie, d'intelligibilité et d'agir.* Rien, absolument rien, ne peut être vécu, compris ou fait, qui puisse être situé *au-dessus* ou *à côté* du sacerdoce baptismal. Celui-ci, en principe (dans son principe qui est l'Esprit de Jésus Christ), dit la mesure de la dignité et de la responsabilité chrétiennes, une mesure qui est proprement... sans mesure. Seule la redécouverte constante du sacerdoce baptismal comme vie-en-Esprit peut débloquer la fierté chrétienne. Un déblocage sans lequel, soit dit en passant, il continuera d'y avoir dans l'Église beaucoup de révoltés et fort peu de révolutionnaires.

Mise en relation avec notre héritage christologique, en effet, cette confession fondamentale devient fondatrice de rapports tout à fait nouveaux. L'anthropologie chrétienne, dépendante en cela de la christologie, a été essentiellement une anthropologie *du manque*. La vie et la réflexion continuent d'en souffrir cruellement. Les dichotomies opérées dans le mystère de Jésus Christ ont nourri (et étaient nourries par) une conception de l'histoire qui, dans les meilleurs des cas, fait cheminer celle-ci sur un chemin parallèle aux voies du salut, et, au pire, dresse l'histoire comme contraire au salut. La condition historique de l'être-chrétien le condamne donc au «manque», à la poursuite épuisante d'un salut qui sans cesse continue de lui échapper. Le sacerdoce baptismal affirme au contraire un salut toujours en train de venir *parce qu'il est toujours là,* offert en toute grâce, gratuité qui pré-vient et offre sans cesse la possibilité de rouvrir l'histoire.

Rien ne pouvant être situé en-dehors du sacerdoce baptismal, à côté ou au-dessus, personnes et communautés chrétiennes trouvent donc dans le baptême tout ce qui est nécessaire pour refuser radicalement toute forme de cléricalisme. Y compris certaines vues de ce qu'on appelle le «sacerdoce» des prêtres et des évêques, vues dont l'aboutissement concret institue les prêtres et les évêques dans un état de «super-chrétiens».

Comme un trop-plein

On ne nie pas l'unique médiation de Jésus Christ du seul fait qu'on refuse certaines façons désastreuses de la penser comme un mouvement à sens unique allant *de* la divinité *à* l'humanité. En positif, ce refus invite plutôt à rencontrer l'exigence suivante: pour que Jésus Christ médiatise vraiment le salut, son humanité (mort comprise) doit entrer comme un élément définisseur du mystère de la Pâque. Sans quoi il n'y a tout simplement pas de Pâque, de passage, puisque s'absente du passage cela même qui doit passer en Dieu. Mais cette assomption de l'humanité de Jésus dans le mystère pascal n'est elle-même possible que par la grâce d'une autre rencontre qui la fonde: ce qui est glorifié à la résurrection n'est pas autre chose que l'histoire de *cet* homme Jésus, ses façons humaines de découvrir et de vivre sa relation aux autres et à Dieu, sa quête incessante d'une liberté humaine et historique, avec tout ce que cette quête implique de découverte mais aussi de luttes, d'hésitation, de souffrance et de doute. Du coup, ce sont nos visions théistes qui sont appelées à la conversion: «Comme théologie de la croix, la théologie chrétienne est la critique du monothéisme philosophique et politique. Dieu ne peut souffrir, Dieu ne peut mourir, dit le théisme, pour prendre sous sa protection l'être souffrant, mortel. Dieu souffrit dans la souffrance de Jésus, Dieu mourut sur la croix du Christ, dit la foi chrétienne, pour que nous vivions et ressuscitions en son avenir [13].» Pour que soit possible l'espérance chrétienne, cependant, il faut voir que la résurrection appelle d'elle-même l'autre pôle, celui de l'histoire humaine de Jésus. Sans quoi c'est la médiation qui est rendue impossible, et il est proprement aberrant de confesser Jésus Christ comme unique Médiateur entre Dieu et les hommes. Ce que l'Esprit glorifie éternellement à la résurrection, c'est donc le sens humain que cet homme a donné à son histoire, pas autre chose.

C'est de ce Médiateur-là que chrétiennes et chrétiens se réclament, et c'est pourquoi *leur sacerdoce baptismal n'a pas d'autre lieu pour exister et se dire que l'histoire et ses limites*. On dira encore que leur monde (tout cela qui, dans tel lieu de leur espace et tel moment de leur histoire, est en attente d'une libération définitive) est *condition de possibilité* d'un salut qui soit véritablement chrétien. Toutes les dimensions de l'existence humaine entrent ainsi dans le travail historique de Dieu, depuis les relations les plus longues jusqu'aux relations les plus courtes, depuis les relations personnelles et interpersonnelles, jusqu'à celles qui fabriquent le tissu de l'univers politique, celles même qui mettent en intercommunication économique tous les peuples de la terre. Il n'y a pas de passage vrai, vraiment chrétien, si ce n'est pas tout cela qui est en train de passer. La confession du sacerdoce chrétien affirme une liberté sauvée, qui existe uniquement lorsqu'elle est en train de travailler effectivement à une libération de l'histoire. Voilà comment la foi chrétienne peut conver-

---

13. *Ibidem.*

tir toutes les anthropologies religieuses humainement réductrices, et des rapports au sacré qui aliènent les libertés personnelles et collectives.

Par définition, le clergé *ne* se définit *que* par le haut. Faut-il s'étonner du fait qu'il soit devenu humainement insignifiant? Cette insignifiance humaine pointe toutefois vers une autre carence, qui est proprement de l'ordre de la foi chrétienne: la perte du sens humain dépend elle-même du fait que le clergé est chrétiennement insensé. Voilà bien ce qui se vit et se dit dès que des personnes et des communautés croyantes actualisent la rencontre de Dieu et des limites historiques *dans* un travail de libération historique. Les modes de vie des clercs, leur agir et leur dire, apparaissent littéralement ex-centriques par rapport aux lieux humains où est en train de se jouer, à la fois, le sort du salut et celui de l'histoire humaine. Au fur et à mesure que des laïcs découvrent que leur liberté historique est lieu de salut, ils apprennent aussi que le clergé, tel que le définissaient leurs relations avec lui, est une réalité indigne de Dieu, chrétiennement aberrante, injustifiable, et donc inacceptable.

Décider

Est-il possible de dépasser les considérations précédentes? Au-delà de l'affirmation selon laquelle Dieu et l'histoire, en Jésus Christ Médiateur, sont définitivement réconciliés, peut-on dire avec plus de précision le *lieu* de cette réconciliation? Pour reprendre la terminologie employée plus haut: Passeur éternel, Jésus Christ passe-t-il à notre place, favorisant ainsi la démission?

La passivité de Jésus venait du fait que sa liberté humaine n'était, par rapport à l'acte sauveur, qu'un jouet impuissant à la merci de sa divinité. Le perdant tout entier en Dieu ou tout entier dans les péripéties de son existence historique, les croyants le situaient partout, sauf là où sa médiation peut être comprise autrement que comme une dichotomisation absurde de sa personne: *dans sa décision humaine en faveur de Dieu*. Baptisés en lui, c'est de cette décision qu'en Esprit nous participons. On comprend dès lors la justesse de cette affirmation de François Varillon: «Il est important que le Christ soit bien situé *là où il est,* c'est-à-dire *dans notre liberté en acte,* c'est-à-dire *dans nos décisions*[14].» Chrétiennes et chrétiens sont constamment portés à rechercher Jésus Christ «dans le ciel», ou dans un «monde» où ils n'auraient plus à *décider humainement* en faveur du salut. Leur seule façon de résister aux attraits de cette double fuite, c'est de ramener constamment la médiation de Jésus Christ dans leurs propres décisions historiques, dans ces actes de liberté qui engagent à la fois le monde et Dieu. Voilà l'endroit où se joue le sort du salut *et* de l'histoire, c'est là qu'il leur est donné de médiatiser l'agir unique du Médiateur.

Un tel déplacement entraîne inévitablement une conversion des rapports à Dieu, tels que les baptisés ont appris à les comprendre. Le Dieu de Jésus Christ, plutôt que de consacrer absolument la passivité des humains, redonne tellement la liberté à elle-même que les êtres humains sont devenus responsables de son sort à lui, de son existence dans l'histoire. Présence ou absence de Dieu?, demande-t-on souvent devant les soubresauts de l'histoire. La réponse se dérobera toujours aux intelligences qui la posent ailleurs que dans la liberté humaine. En la personne du Médiateur, écrit encore François Varillon, «Dieu crée des créateurs[15]». Et la taille de ces créateurs, l'ampleur de leur responsabilité, se mesurent au fait qu'ils ont à décider... même de l'existence historique de Dieu.

La médiation de Jésus Christ, pour peu qu'on doive et puisse la comprendre en un tel sens, interdit des relations historiques où les uns «posséderaient» Dieu et pourraient le transmettre, tandis que les autres seraient un réceptacle vide capable tout au plus de réception. En ce qui concerne notre question, cela veut dire que le mystère personnel de Jésus Christ condamne la relation même qui fait qu'il y a des «clercs» et des «laïcs» dans l'Église. Tous et toutes baptisés dans l'unique Médiateur, tous les chré-

---

14. *Beauté du monde et souffrance des hommes,* Paris, Le Centurion, 1980, p. 175. Les italiques sont de moi.

15. *Ibidem,* p. 303.

tiens et toutes les chrétiennes sont devenus *le sujet du salut.* Sacrement d'un tel salut, l'Église doit donc se structurer d'une manière qui permette à tous et à toutes d'être effectivement, c'est-à-dire « dans les faits », *le sujet de la vie ecclésiale.*

Chapitre quatrième

LES PRÊTRES

«Le prêtre, cet autre Christ»

Par le Christ, Dieu donne aux *prêtres* un pouvoir sur la Messe. Dans le paysage religieux des croyants, les prêtres constituent le troisième maillon de la chaîne. Dieu intervient-il directement pour élever les prêtres au statut de *sujet actif*? Et, s'il en est ainsi, comment les prêtres sont-ils alors invités à se situer par rapport au bas, plus particulièrement dans leurs relations avec les laïcs? Deux questions qui disent à quel point la réflexion aborde maintenant, de façon plus directe, la justification théologique qu'on a donnée à la structure présente des rapports clercs/laïcs.

Notre héritage disait que la célébration de la Messe constituait la finalité du «sacerdoce» des prêtres, et le concile de Trente a largement contribué à leur attribuer en propre cette finalité. Voilà qui dit suffisamment pourquoi il ne sera pas explicitement question des évêques et du pape, car il est résulté, de Trente, «une certaine confusion qui a pesé assez lourdement sur la théologie postérieure. En effet, chercher le sens de l'institution du presbytérat uniquement à partir du pouvoir de célébrer l'Eucharistie, c'était se condamner, d'une certaine manière, à mettre sur le même plan les Apôtres, les évêques et les prêtres. (…) Tous les membres de la hiérarchie ont en commun le même 'sacerdoce', compris de façon univoque[1]». Dans ces perspectives, et à cause même de l'univocité de compréhension, c'est d'une seule et même réalité que l'on parle lorsqu'on traite des prêtres, des évêques ou du pape.

Mais avant de s'interroger sur l'Eucharistie (ce qui fera l'objet du prochain chapitre), avant donc de réfléchir sur la finalité spécifique du sacerdoce des prêtres, une tâche s'impose: voir comment, dans le schéma, *le sens des flèches* détermine lui-même la place des prêtres dans la logique ecclésiologique et la structure ecclésiale. Trop d'entreprises actuelles ne s'attachent qu'à «élargir» la finalité du presbytérat. Elles négligent cependant le moment préalable, pour moi capital, d'une réflexion sur la *relation* même qui situe la place des prêtres en Église. On constate de plus en plus les résultats néfastes de cette négligence: le cléricalisme change de finalité, il ne se définit plus uniquement par un pouvoir sur la Messe, mais il demeure fondamentalement ce qu'il est, c'est-à-dire une gestion des rapports ecclésiaux pour laquelle tout ne va que du haut vers le bas. D'où une ambiguïté qui perdure depuis Vatican II: faute d'une conversion effective de la logique ecclésiologique et de la structure ecclésiale, les prêtres, les évêques et le pape peuvent fort bien utiliser un vocabulaire de *service,* en même temps qu'ils continuent d'avoir des comportements de *pouvoir.*

Le chapitre précédent exige plutôt, et directement, qu'on réfléchisse d'abord sur *le type de médiation* qui servait à penser le sacerdoce des prêtres. Telle est bien, selon moi, l'assise idéologique immédiate d'un pouvoir clérical qui a condamné les laïcs à la passivité.

1. La médiation sacerdotale

Le chapitre précédent concluait que la logique exclusivement déductive ne peut pas rendre compte, d'une manière chrétienne-

---

1. Henri Denis, «La théologie du presbytérat de Trente à Vatican II», in *Les prêtres. Formation, ministère et vie,* Unam Sanctam, 68, Paris, Cerf, 1968, p. 209.

ment valable, de la médiation de Jésus Christ. Pourtant, si le salut est *pour-nous,* il doit nous rejoindre dans le moment qui est le nôtre, sur le coin de terre que nous habitons. La médiation de Jésus Christ ayant été comprise selon une logique qui lui fait pratiquement échec, notre héritage était obligé de poser d'*autres* médiateurs, et c'est bien de cette façon qu'on en est venu à situer les prêtres dans la dynamique de la vie chrétienne et ecclésiale. «Dans un sens général, un médiateur est celui (ou ce) qui, d'une manière ou d'une autre, établit ou soutient entre deux autres êtres une relation qui sans lui n'existerait pas ou ne pourrait même pas exister[2].» Pour dire rapidement les choses, prêtres et évêques sont ainsi vus comme les *médiateurs de la médiation de Jésus Christ.* Mais cette médiation du prêtre comme «autre Christ» réussit-elle plus que celle de Jésus Christ?

La situation des prêtres dans l'Église

Écoutons d'abord le vocabulaire, car il n'est jamais théologiquement innocent. Yves Congar, sans doute l'un de nos meilleurs spécialistes en histoire des ecclésiologies et un pionnier en ce qui concerne la théologie du laïcat, trouve dans le passé les expressions suivantes (que, bien sûr, il ne reprend pas à son compte): «Le prêtre est *supérieur* aux anges, semblable à Marie, puisqu'il a pour rôle de *donner* Jésus, de le *faire venir*; il est même *plus puissant* que Marie, puisqu'elle n'a *enfanté* Jésus *qu'une fois* alors qu'il peut, lui, le faire venir *mille fois*[3].» Aujourd'hui, de telles formules font spontanément sourire. Elles ne sont pourtant que l'expression, pour ainsi dire cristallisée, d'une logique qui structurait les mentalités. Sommes-nous libérés de cette logique par le seul fait que le langage s'est purifié de ses excès les plus évidents? De ce point de vue, les mots qui sont mis en italiques dans la citation soulignent *trois visées* de notre héritage le plus immédiat. Trois intentions importantes pour les prêtres

2. K. RAHNER et H. VORGRIMLER, *Petit dictionnaire de théologie catholique,* Paris, Seuil, 1970, p. 277.

3. «Le sacerdoce du Nouveau Testament», in *Les prêtres. Formation, ministère et vie,* p. 238.

eux-mêmes, mais qu'on proposait également à l'ensemble des chrétiennes et des chrétiens. Elles ont habitué les laïcs à ne pas se situer de n'importe quelle façon dans leurs rapports avec le clergé.

1. Le vocabulaire affirme d'abord avec vigueur la *puissance* du prêtre. Toutes les expressions choisies prennent cette direction: la puissance du prêtre est supérieure à celle des anges, elle dépasse même celle de Marie. On devine que ces fortes affirmations ne sont pas sans conséquence sur la façon de déterminer la place des prêtres dans la vie et l'organisation ecclésiales, qu'elles font glisser le presbytérat du côté d'un *pouvoir* historique.

2. En vertu de leur puissance et pour qu'elle soit respectée, les prêtres doivent *s'élever* ou *être élevés* le plus haut possible. S'ils sont au-dessus même des anges et de Marie, où se tiendront-ils dans leurs relations avec les laïcs? Est ainsi illustrée la place qui leur était faite dans le schéma: ils interviennent aussitôt après Dieu et le Christ.

3. Il faut enfin souligner un troisième caractère, essentiel pour comprendre la globalité du paysage à l'intérieur duquel vie et réflexion ont compris le sacerdoce des prêtres: on fonctionne à l'intérieur d'un univers extrêmement *objectivant* et *chosifiant*. Les mots eux-mêmes le disent, qui parlent de *donner* Jésus, de le *faire venir,* et qui ne craignent pas de «quantifier» cette venue (Marie n'a donné Jésus qu'*une fois,* tandis que le prêtre peut le faire *mille fois*).

Médiateurs entre Dieu et les hommes

On comprend mieux pourquoi le prêtre s'est perçu et a été perçu comme un «*autre Christ*». Pour préciser encore son statut, ne faudrait-il donc pas dire que, dans le schéma et par rapport à l'Église de l'histoire, il se situe *immédiatement* après Dieu? Grâce à leur pouvoir sur la Messe, en effet, les prêtres contrôlent la venue de Jésus dans l'histoire. D'où une question devant laquelle la réflexion ne peut se dérober: nos visions spontanées ne placent-elles pas le prêtre au-dessus même de Jésus Christ? Voilà qui mérite une analyse attentive, et donne un peu la mesure des défis qui interpellent aujourd'hui la vie et la réflexion. L'image du prêtre comme «autre Christ» est porteuse d'une longue histoire, elle a fortement marqué les mentalités; ce n'est donc pas demain ou après-demain que l'Église en sera libérée[4]. Cette image renvoie à une certaine compréhension de la *médiation* des prêtres, et ne peut être corrigée que si on corrige la logique même selon laquelle cette médiation est vécue et pensée.

De mille manières, en effet, le vocabulaire commun dit encore que le prêtre est *médiateur entre Dieu et les hommes*. Mais les termes qualifient cette médiation: le «entre» pointe vers le fait qu'on continue de penser le prêtre comme un médiateur du type de la *causalité physique*. Cet «autre Christ» est et agit à la manière du tuyau qui, situé entre le réservoir et le robinet, permet à l'eau de passer du réservoir au robinet. Raccord qui aboute Dieu et les hommes, on dit encore du prêtre qu'il est un pont entre eux et lui (d'où l'expression, lourde de sens, qui qualifie encore le pape: pontife, *pontifex*: faiseur de ponts). Dans son rapport au laïcat, le prêtre est le pont qui assure le passage d'une rive à l'autre; il permet aux laïcs de passer du côté de Dieu, et à celui-ci d'entrer dans leur vie. Anticipons sur le prochain chapitre: c'est à la Messe que le prêtre trouve l'expression éminente de son être et de sa mission, puisqu'il y exerce son pouvoir de consacrer, de *faire passer* le corps et le sang du Christ dans le pain et le vin, et qu'ainsi les laïcs, grâce à lui, ont la possibilité de «recevoir» la communion.

Entre toutes les activités du prêtre, celle qu'il accomplit à la Messe est ainsi la plus noble. Mais il ne faut pas se cacher le fait que la situation du prêtre à la Messe n'est que l'expression privilégiée de la place que les clercs occupent dans *toute* l'organisa-

---

4. Notons en passant «le refus de Vatican II de prendre en considération le titre d'*alter Christus* pour les prêtres» (HERVÉ LEGRAND, «Le développement d'Églises-sujets, une requête de Vatican II», in *Les Églises après Vatican II. Dynamisme et perspective,* Actes du colloque international de Bologne — 1980, édités par G. Alberigo, Théologie historique, 61, Paris, Beauchesne, 1981, p. 171).

tion de l'Église. Voilà bien pourquoi, au-delà (ou en deçà) de telle finalité précise confiée à la médiation des prêtres, il faut remonter à la *logique* de la médiation et désarticuler la dynamique qu'elle met en branle. Depuis Vatican II, en effet, rares sont les prêtres et les évêques qui se définiront par un «pouvoir de faire la Messe». Et pourtant, n'est-ce pas reprendre la même dynamique que de dire, comme je l'entends souvent, que prêtres et évêques ont mission de «faire» l'unité de l'Église? On est les médiateurs d'autre chose, mais on se comprend selon le même type de médiation.

Il faut souligner deux privilèges fondamentaux que ce type de médiation confère au clergé. Qu'ils aient le pouvoir de faire la Messe, l'unité ou autre chose, les clercs ont le contrôle du processus de *production*. Nous l'avons vu à propos de la production du discours moral «officiel» de l'Église. Ce premier privilège comporte déjà de graves implications: a priori, le clergé sait ce que les laïcs doivent faire (produire) pour être dans la vérité de l'Église. Par ailleurs, prêtres et évêques contrôlent le *produit fini*: ils peuvent vérifier, a posteriori, si telle pratique, telle attitude ou tel comportement sont vraiment «d'Église». Structurellement, les prêtres, les évêques et le pape contrôlent ainsi *de part en part* le contenu de la vie ecclésiale. Ils détiennent, ai-je déjà dit plus haut, à la fois le pouvoir législatif, le pouvoir exécutif et le pouvoir judiciaire. Voilà en quoi la médiation dont on les charge les impose en fait comme *le* sujet de la vie de l'Église.

La crise du sacerdoce

«Qui sommes-nous, prêtres québécois? Nous faisons l'objet de nombreuses conversations, interrogations, enquêtes. Nous nous interrogeons régulièrement sur notre *identité,* notre insertion dans l'Église d'aujourd'hui, *sans jamais obtenir de réponse définitive[5].*» Tout indique que le clergé (du Québec... et d'ailleurs!) n'est pas encore sorti d'une crise d'identité qui le bouscule profondément, surtout depuis quelques décennies.

---

5. Liminaire de *Prêtre et Pasteur,* fév. 1980, vol. 83, n° 2.

D'innombrables études sont parues sur ce qu'on a appelé «le malaise sacerdotal». Approches psychologiques, sociologiques, politiques même, toutes les disciplines ont été mises à profit. Sans nier leur apport inestimable, on peut se demander: si le malaise est si profond et durable, n'est-ce pas qu'ont été remis en cause les fondements mêmes de la théologie du presbytérat, la logique qu'on mettait en œuvre pour asseoir la «puissance» des clercs et déterminer leur place dans l'Église? On aboutit aujourd'hui à cette constatation, au premier regard surprenante: autant les laïcs ont pu se sentir (et se sentent encore) exclus de la vie et de l'organisation de l'Église, autant les prêtres et les évêques connaissent une profonde crise d'identité ecclésiale[6].

Avant d'être ressaisie par la réflexion, cette crise, comme toutes les crises, est provoquée par des questions qui montent de la vie. Les prêtres, les évêques et le pape se comprennent et sont compris comme responsables d'un passage à effectuer; ils se voient donc et sont vus à la façon d'un *tiers-terme* entre les deux pôles qu'ils ont mission de réconcilier. Mais, ce faisant, «on s'est borné à introduire un troisième terme qui est lui-même *extérieur aux deux premiers*[7]». Et voilà bien, selon moi, la raison première du malaise des clercs. D'une part, on leur demande de donner Dieu aux hommes. Mais au contact d'un laïcat profondément impliqué dans le monde au nom même de sa foi (qu'on songe seulement aux membres de l'Action Catholique), ils s'aperçoivent qu'ils ne sont pas «objectivement» plus près de Dieu, qu'ils ne possèdent pas plus Dieu que ceux auxquels ils doivent le donner. Dans un monde en profonde mutation, d'autre part, ils réalisent progressivement à quel point ils peuvent être décrochés de l'autre pôle, «extérieurs» au monde et à ceux qui ont reçu ce monde en propre, les laïcs; l'étrangeté de leurs discours manifeste déjà à quel point le monde est loin d'eux, qu'ils ont de bien faibles prises sur lui. En d'autres termes: pont jeté entre deux

6. D'où le diagnostic que je posais, qui vaut pour l'Église du Québec mais sans doute également pour une foule d'autres Églises (sinon toutes), in «L'Église du Québec: une Église en mal de sujet», *Critère* 31, printemps 1981, pp. 191-222.

7. YVES JOLIF, «Notes philosophiques sur la médiation», in *Le ministère sacerdotal. Un dossier théologique,* Lyon, Profac, 1970, p. 219.

rives, le clergé doute de plus en plus de ses assises réelles sur l'une et l'autre rives. C'est ainsi que se lève inévitablement l'interrogation christologique rencontrée dans le chapitre précédent: au fond, ne demande-t-on pas au pape, aux évêques et aux prêtres de réussir là où le Christ aurait échoué? Telle semble bien être la question que la vie a posée et pose encore à la réflexion de toutes les personnes et communautés croyantes.

Une médiation qui ne médiatise rien

L'être et la mission dévolus aux prêtres reposent sur des fondements christologiques que la foi chrétienne apprend à juger intolérables. On présuppose en effet une dichotomie qui, même après la mort-résurrection de Jésus Christ, enferme Dieu et le monde en deux solitudes qui, sans les clercs, ne peuvent communiquer. Un *fossé* persiste, qui nécessite l'intervention du clergé, sa médiation. Mais la mission ainsi confiée au prêtre ne porte-t-elle pas une atteinte directe à l'*unicité* du sacerdoce et de la médiation de Jésus Christ[8]? La médiation chosiste ne peut pas expliquer chrétiennement la place du pape, des évêques et des prêtres dans la vie de l'Église. On voit bien, en effet, que «rechercher la médiation sur cette voie, c'est être renvoyé à une série indéfinie de termes intermédiaires qui ne sauraient pourtant combler l'abîme *qu'on a d'abord creusé.* Si Jésus est médiateur en ce sens-là, c'est-à-dire si tout en posant Jésus Christ on maintient l'*extériorité* entre Dieu et l'humanité, il faut alors en effet faire intervenir une médiation de la Vierge, de saint Joseph, des sacrements, de la hiérarchie, etc., *sans qu'on sorte jamais de l'extériorité[9]*».

8. «Si l'insistance sur le sacerdoce du Christ n'est pas majeure dans le Nouveau Testament, en revanche, l'affirmation de l'unicité de son sacerdoce est nette: puisqu'aucun sacrifice ne peut s'ajouter au sien, puisqu'il est l'unique médiateur actuel entre Dieu et les hommes, en rigueur de termes, le sacerdoce revient au Christ seul» (H. LEGRAND, «Les ministères de l'Église locale», in *Initiation à la pratique de la théologie,* t.3, Paris, Cerf, 1983, p. 220). Voilà qui justifie Legrand de conclure: «En résumé, le terme 'sacerdoce' pour désigner les prêtres devrait être ressenti comme inadéquat puisqu'il risque de laisser croire que la théologie catholique porte atteinte à l'unicité du sacerdoce de Jésus» (*ibidem,* p. 224).

9. Y. JOLIF, *loc. cit.,* pp. 219-220.

Ainsi se raffermit une problématique déjà esquissée précédemment. Pont jeté entre Dieu et le monde, terme intermédiaire glissé entre deux autres termes, le clergé empêche le peuple chrétien de voir qu'en Jésus Christ Médiateur *tout* a déjà été parfaitement réconcilié.

Une théologie contemporaine

La pensée chrétienne d'aujourd'hui porte-t-elle suffisamment attention au type de médiation qu'on fait intervenir pour dire la place des prêtres et des évêques dans l'économie de la vie ecclésiale? Il est permis d'en douter. Pour que cette question prenne plus de chair, je vais interroger la théologie que Pierre Grelot propose dans son «dialogue critique avec Edward Schillebeeckx[10]». On verra que sa théologie, même si elle emprunte des vêtements neufs, met en œuvre le type de médiation chosiste que je viens de dire.

L'étude de Grelot se déploie dans le champ de l'exégèse et, de ce point de vue, interpelle d'abord les spécialistes de cette discipline. Cependant, comme on le verra, elle ne peut s'empêcher de mettre en œuvre une certaine théologie, et intéresse par là tous les théologiens, quelle que soit la spécialisation respective de leurs disciplines. À ce moment précis de la démarche, la question que la réflexion adresse à Grelot est donc la suivante: *quel type de médiation* sa théologie fait-elle jouer lorsqu'elle parle des prêtres et des évêques?

Grelot s'appuie essentiellement sur l'affirmation selon laquelle «la Tradition apostolique a légué à l'Église de tous les siècles des *structures normatives* en dehors desquelles il est illusoire de parler de 'communautés ecclésiales[11]'». Toute réflexion valide sur ces structures normatives doit donc tenir compte de «l'action des apôtres, envoyés directs du Christ en gloire[12]». Voilà où s'ins-

---

10. Pierre Grelot, *Église et ministères. Pour un dialogue critique avec Edward Schillebeeckx,* Paris, Cerf, 1983.

11. *Ibidem,* p. 55.

12. *Ibidem,* p. 73.

crit le ministère des prêtres et des évêques. Tout ministre est en effet « envoyé, à la suite des apôtres et dans leur succession, pour rendre sensible la présence effective du Ressuscité qui ouvre sa table aux membres de son Église[13] ».

La présence du Ressuscité, affirme Grelot, passe à l'Église « par une chaîne de 'succession' solide et vérifiable[14] » : « *La relation ecclésiale au Christ ressuscité et la présidence de son Repas passent par la médiation de ses envoyés directs, les apôtres.* Elles passent ensuite par ceux qui coopèrent à leur action pour en étendre les effets jusqu'aux extrémités du monde en annonçant l'Évangile qui leur a été confié, en fondant sur cette base des communautés croyantes, en y exerçant des responsabilités qu'ils ne tiennent pas des communautés mais des fondateurs, reliés eux-mêmes aux apôtres du Christ[15] ».

Mais la question décisive, que Grelot n'affronte jamais explicitement, porte sur ce « passage », par les ministres, de la vie du Christ ressuscité. Quel type de médiation y exercent-ils, grâce à leur lien avec les apôtres? Quelle sorte de « passeurs » sont-ils? Tout porte à croire que la théologie de Grelot fonctionne à l'intérieur des schèmes de la causalité physique.

On peut spatialiser le tiers-terme dont il a été question, le considérer comme le tuyau qui, tout en mettant en relation le réservoir et le robinet, garde son espace propre. Parce que nous sommes corps, et que la liberté humaine ne peut se comprendre sans se disperser dans l'espace, telle est probablement l'image qui vient le plus spontanément lorsqu'on réfléchit la médiation chosiste. Mais on peut organiser selon la même logique le rapport au temps. Le tiers-terme s'introduit alors entre un moment passé et le moment présent, pour faire passer le premier dans le second grâce à une objectivation des rapports qui est la même que dans la médiation spatiale.

La théologie de Grelot fonctionne-t-elle ainsi? Il semble se faire, du temps et de l'histoire, une conception objectivante et

---

13. *Ibidem,* p. 180.
14. *Ibidem,* p. 133.
15. *Ibidem,* pp. 133-134.

chosifiante. Un premier indice en est que, d'après lui, les ministres «prolongent à travers les siècles la mission initiale des apôtres[16]». Cette prolongation est-elle à comprendre selon les schèmes de la causalité physique? Le terme même de «prolongation» porte à le croire. C'est pourquoi W. Kasper, pour sa part, rejette ce terme: «Le sacerdoce du Christ n'a donc pas besoin d'être *prolongé* ni d'être *complété* par d'autres prêtres humains. Son sacerdoce est la consommation de tout sacerdoce; avec lui tout sacerdoce est parvenu à sa fin[17].» D'ailleurs, la première impression se confirme lorsque Grelot explicite le lien entre la période sub-apostolique et la période suivante. Le vocabulaire employé (surtout le terme «canal», qui renvoie directement à l'ordre des choses) et l'agencement logique des moments historiques présentent l'histoire comme une «continuité» (selon sa propre expression) lisse et sans rupture. En effet, s'il y a «continuité» entre la période sub-apostolique et la suivante, c'est par la «continuité» d'une «praxis communautaire» qui «*constitue donc un canal de transmission dont il faut soigneusement tenir compte. Canal moins immédiat que le Nouveau Testament lui-même; mais canal important*[18]...»

La vraie nature de la médiation ministérielle apparaît plus clairement encore quand on mesure les désastreuses conséquences auxquelles aboutit la théologie de Grelot. Celui-ci dira, en effet, que «les détenteurs de la succession apostolique, hors de laquelle il n'y a pas d'Église, sont effectivement responsables de la vie des groupes de chrétiens qui désirent être reliés d'une façon concrète à cette Église[19]». Il précisera même que le ministre «a reçu *la responsabilité* de la vie ecclésiale[20]». En vertu de quoi les prêtres et les évêques peuvent-ils s'approprier ainsi «la» responsabilité de l'Église? Ne vient-on pas de condamner les non-ministres

---

16. *Ibidem,* p. 180. Ce thème de la «prolongation» revient souvent dans le livre de Grelot.

17. «La compréhension dogmatique du service sacerdotal», *Concilium* 43, p. 25.

18. *Ibidem,* p. 38.

19. *Ibidem,* p. 142.

20. *Ibidem,* p. 194.

à la passivité et à l'inertie ecclésiales? Et qu'est-ce qui permet de retirer aux Églises elles-mêmes (laïcs compris), pour la donner en propre aux évêques et aux prêtres, la «succession apostolique»? Grelot ne semble pas enlever grand-chose aux laïcs lorsqu'il confie cette succession aux ministres. Mais la médiation physique, même si elle s'exerce dans le champ le plus étroit possible, aboutit toujours au même résultat: elle fait toujours, en fin de compte, que *toute* la responsabilité ecclésiale reflue du côté du haut, c'est-à-dire des prêtres et des évêques. Elle interdit donc concrètement l'affirmation selon laquelle toutes les personnes et toutes les communautés croyantes sont le *sujet* de leur vie-en-Église.

2. Les «simples laïcs»

Il semble que, même dans la théologie contemporaine, les schèmes de la causalité physique continuent leurs ravages. Le clergé continue donc, d'une manière ou d'une autre, d'être perçu comme ayant le pouvoir de donner la vie de Jésus Christ aux laïcs. Ceux-ci constituent le terme du passage, auquel on donne et qui n'a pas d'autre privilège que de «recevoir» les choses du salut. C'est en cela même que le clergé *institue* le laïcat comme une réalité *définie par la négative*. «Le prêtre est celui qui a reçu le pouvoir (sous-entendu: que *n'ont pas* les laïcs) de célébrer l'Eucharistie et de remettre les péchés[21]». Même quand on élargit la finalité du pouvoir, l'Eucharistie ayant été jugée trop restrictive, on maintient un *rapport* identique: un pôle donne et transmet, tandis qu'à l'autre, quelque chose est donné ou transmis.

D'ailleurs, quel vocabulaire emploie-t-on pour dire ce deuxième pôle du binôme? On parle encore spontanément, de nos jours, des «simples laïcs», «simples baptisés» ou «simples fidèles», laissant entendre par là qu'autant les prêtres étaient «supérieurs», autant les laïcs sont en situation ecclésiale d'infériorité. De nombreux commentateurs font état du fait que Vati-

---

21. H. Denis, «La théologie du presbytérat de Trente à Vatican II», p. 209. C'est moi qui ai mis la négation en italiques.

can II a renversé l'organisation pyramidale que construit cette distribution de *plus* et de *moins*. Le concile, dit-on avec raison, a remis l'Église à tous les croyants, toutes les croyantes, toutes les communautés croyantes. On pourrait penser que les laïcs, en accord avec ce programme, se sont empressés de se faire le sujet de l'Église. En est-il bien ainsi? Malgré les nombreuses initiatives qui vont en ce sens, l'immense majorité tarde à prendre en charge cette Église qu'on a voulu remettre à tous et à toutes.

Il n'est pas besoin d'une longue démonstration pour étayer ce jugement général. Qu'on demande seulement aux personnes qui gravitent autour de soi: *qui* est l'Église? Le test est encore plus révélateur quand on se contente d'écouter attentivement les façons spontanées selon lesquelles les gens continuent de dire l'Église. On découvre en effet que, pratiquement toujours, elle est identifiée à une personne particulière (le pape), une personne collective (les évêques, les prêtres), un moment de l'espace (la paroisse et le diocèse) ou du temps (la messe du dimanche). Il ne s'agit pas de nier ici tout statut ecclésial au pape, au clergé, à la paroisse ou à la messe dominicale. Ce qu'il faut souligner, et qui est profondément révélateur, c'est que l'Église est encore *identifiée* à des personnes, des lieux ou des moments qui demeurent *extérieurs* à l'expérience chrétienne des laïcs. Mais comment être le sujet d'une réalité qu'on continue de situer *en dehors* de soi?

La question importante est celle du pour-quoi. Pourquoi les croyants chrétiens, globalement, ont-ils encore tendance à reporter l'Église hors de leurs existences, à l'extérieur de leur vie? Pourquoi tardent-ils à se faire le sujet de l'Église? La réponse est évidente: ils ont appris, depuis si longtemps, à laisser l'Église aux mains des clercs. Mais le refus de voir le prêtre comme une médiation chosiste permet d'étayer cette réponse tout en dégageant plus clairement les raisons de la passivité des laïcs. La logique de la médiation chosiste ne peut en effet jouer qu'en vertu d'*une triple dichotomie*. Et l'exploration de ces trois césures constitue un impératif pour quiconque désire redonner toutes ses chances ecclésiales au laïcat.

La séparation clercs/laïcs

Au niveau le plus immédiat, une séparation est concrètement expérimentée entre les clercs et les laïcs. Aux premiers l'Église et les responsabilités d'Église, tandis que les laïcs, ecclésialement parlant, n'ont rien et ne sont rien.

Certes, les laïcs sont de plus en plus invités à *participer* à la vie de l'Église. Tôt après le dernier concile, le clergé a mis sur pied de nombreuses structures de participation. Pour ne prendre qu'un exemple, les Conseils de Pastorale, tant paroissiaux que diocésains, ont surgi un peu partout, de nombreux laïcs s'y sont engagés et y dépensent de grandes énergies. Mais on est en droit de se demander: la participation à ces Conseils, comme à d'autres instances qui fonctionnent selon le même modèle, suffit-elle à opérer le changement de sujet que Vatican II a souhaité? Le langage qu'on y parle reste largement un langage d'*adaptation* des structures ecclésiales existantes, la participation ayant pour but essentiel d'aider les paroisses et les diocèses à «s'adapter» aux changements de notre temps: on y recherche des liturgies plus vivantes et attrayantes, la mise en place de services caritatifs plus adéquats, l'instauration même, ici ou là, de groupes structurés qui porteront particulièrement le souci des distants, etc.

Il est à espérer que, progressivement, cette participation servira à provoquer véritablement la conversion qu'on est en droit d'attendre dès qu'on croit que toutes les personnes et toutes les communautés croyantes sont le sujet de l'Église. Mais il faut bien reconnaître l'insuffisance des initiatives structurelles qui ont été prises. L'ancienne logique a-t-elle éclaté? De simples laïcs sont entrés dans les Conseils de Pastorale, mais c'est bien pour que les structures paroissiales ou diocésaines, demeurant fondamentalement identiques à ce qu'elles étaient, *aillent vers* les chrétiens ou les non-chrétiens d'une manière plus efficace. La dynamique qu'on sert est la même: *de* la paroisse ou *du* diocèse *vers* le monde et l'histoire. Il n'y a pas vraiment remise en cause des structures ecclésiales telles qu'elles articulent leurs rapports avec le monde, avec le bas. D'où la situation ecclésialement inacceptable dans laquelle se retrouvent tant de laïcs aujourd'hui: ou ils ne s'impliquent pas, parce que les structures ecclésiales, selon eux, ont cessé d'avoir une pertinence historique, ou ils participent, mais dans la crainte constante d'être récupérés par les structures existantes et d'être eux-mêmes cléricalisés. L'un et l'autre cas, chacun à sa manière, révèlent une même dichotomie, un premier niveau qui sépare les clercs et les laïcs.

Un divorce entre foi et Église

La première séparation n'est que la partie visible de l'iceberg. Elle dépend de la compréhension qu'on a du prêtre-médiateur et, comme telle, indique une dichotomie plus profonde et dévastatrice.

Chrétiennes et chrétiens d'aujourd'hui éprouvent de la difficulté à établir un lien entre l'*Église* et leur *foi*. Dans la mesure où la place des prêtres a été vécue et réfléchie comme une médiation physique et chosiste, c'est dans les prêtres et les évêques qu'est allé s'épuiser le sens ecclésial de la vie chrétienne. L'Église, c'est eux. Cette identification de l'Église aux membres du clergé est encore manifeste partout aujourd'hui, ai-je souvent dit[22]. Toutefois, on commence à peine à mesurer les résultats néfastes de cette mainmise. En particulier: il est facile de voir à quel point les laïcs n'ont pas appris à rechercher l'Église *dans* leur acte de foi lui-même[23]. Et encore: dans ce que cet acte de foi a de plus *personnel,* là où ils pourraient éventuellement découvrir que tout

---

22. Jugement corroboré par les auteurs de *Situation et avenir du catholicisme québécois. Entre le temple et l'exil,* Montréal, Leméac, 1982: «Depuis ce temps (i.e. la première moitié du XXe siècle), on a certes parlé d'une Église Peuple de Dieu, de l'importance du rôle des laïcs, mais des études réalisées au cours des dernières années nous apprennent que les laïcs identifient encore l'Église et la hiérarchie» (p. 223).

23. «La majorité des croyants n'ont pas la chance de s'approprier la réalité de l'Église. Si, pour les uns, l'Église paraît tenir lieu de l'autorité religieuse en tout et les dispenser de se sentir responsables, elle paraît de plus en plus, pour d'autres, un ajout, une médiation, parfois même un écran, souvent lourd à porter. *L'intégration de la dimension ecclésiale dans l'attitude de foi n'a pas été adéquatement faite»* (*ibidem,* p. 254. Les italiques sont de moi).

acte de foi est par nature communautaire, et donc ecclésial. Y a-t-il tellement de laïcs, aujourd'hui, qui disent spontanément (et, surtout, vivent en conséquence): «*Je suis Église*»?

Le divorce entre foi et Église engendre d'étranges phénomènes. Par exemple: en même temps que de nombreux pays traditionnellement chrétiens connaissent une chute vertigineuse de ce qu'on appelait la «pratique religieuse», la grosse majorité des gens continuent de se dire croyants. Mais où va se loger le sens ecclésial de cette foi? En a-t-elle seulement un? La forme extrême du paradoxe, c'est que plusieurs, ayant redécouvert la dimension communautaire de la foi chrétienne et au nom même de cette redécouverte, s'éloignent de l'Église parce que celle-ci, disent-ils, fait présentement obstacle à une vie vraiment communautaire. Par ailleurs, nombreux sont ceux et celles qui continuent de se référer à Jésus. En certains endroits, il connaît même un regain de popularité. La chose surprenante, c'est qu'on ne voit guère les retombées ecclésiales de cette popularité nouvelle.

Il n'est pas exagéré de dire que les laïcs ont longuement appris à vivre leur foi comme «quelque chose qui se passe entre Dieu (ou Jésus) et moi». La séparation clercs/laïcs est donc révélatrice d'un divorce plus fondamental, qui a rompu les liens entre la foi et l'Église. La foi concerne les relations «verticales»; on voit encore mal qu'elle entraîne obligatoirement un type nouveau de relations «horizontales», où l'Église trouverait comme son habitat naturel.

Quand les chrétiens retrouvent les liens entre la foi et l'Église, lorsqu'ils redécouvrent que l'Église est partie prenante de l'acte de foi, même le plus personnel, l'état présent de l'organisation ecclésiale connaît d'inévitables soubresauts. De nombreuses expériences, ici et là, disent déjà le type de questions qui viennent alors interroger la conscience croyante. Que doit-il advenir des paroisses et des diocèses, par exemple, si chrétiennes et chrétiens, prenant au sérieux l'affirmation selon laquelle ils sont le sujet de l'Église, comprennent également qu'ils en sont le sujet *en tout* ce qui les constitue comme personnes humaines croyantes? Peuvent-ils continuer de penser qu'un «je», fût-il croyant, peut vivre des relations ecclésiales humainement vraies lorsque le *seul* lieu reconnu de vie ecclésiale propose la rencontre de 200 ou 500 autres «je»? Pour tout dire, ce sont la paroisse et le diocèse, aujourd'hui mode unique de vie ecclésiale (pour l'immense majorité des laïcs, et dans l'esprit d'une foule de clercs), qui éclatent ou sont obligés de se définir autrement.

La dichotomie foi/histoire

Une fois traversés les deux premiers niveaux, invitation est lancée d'en explorer un troisième. Si le clergé et le laïcat ont été tellement séparés, si on a cessé de voir les rapports entre foi et Église, c'est qu'une première césure, sans doute fondatrice des deux autres, a dichotomisé les rapports entre la *foi* et l'*histoire.*

Avons-nous vraiment appris que la foi est partie prenante de notre existence historique et celle-ci partie prenante de celle-là? Plus justement: on conçoit assez aisément que la foi puisse avoir des conséquences sur la façon de gérer l'histoire, l'histoire de nos existences personnelles et collectives. Mais la foi est alors considérée comme un réservoir *duquel* on tire les normes qui guident (ou s'imposent à) notre existence dans l'histoire. D'où la question: ce que nous sommes comme êtres historiques, habitant le monde mais aussi *habités par* lui, touche-t-il d'une manière ou d'une autre la foi, la dynamique de notre vie de foi? La logique reste descendante: la foi existe «quelque part», noyau pur, lumière qui peut éclairer nos histoires personnelles et collectives sans que le mouvement inverse soit possible.

Mais si l'histoire est un vase vide, capable tout au plus de recevoir les «objets» de la foi, en quoi la foi chrétienne fait-elle vraiment de nous les sujets de nos vies? Constitue-t-elle une rencontre à ce point immédiate avec Dieu qu'elle se dirait identiquement la même, toujours et partout, et qu'il suffirait de l'appliquer au moment que nous sommes en train de vivre ou au coin d'espace que nous habitons? À ces questions, la médiation chosiste des clercs donne une réponse claire: le bas ne peut pas définir ce qu'on a situé en-haut, et les enjeux historiques n'ont aucune prise sur la foi.

3. Pour une conversion des relations clercs/laïcs

Vatican II invite à une conversion de la pyramide ecclésiale. Il devrait être maintenant clair que cette conversion demeurera un beau principe, une invitation gratuite que des textes peuvent se permettre sans que la vie soit changée, tant et aussi longtemps que ne sera pas bouleversée la structure même qui organise présentement les relations entre les clercs et les laïcs[24].

La conversion est donc impossible sans que soit revalorisé le statut ecclésial de ceux et celles qu'on continue d'appeler les laïcs. Faut-il en conclure, comme le laissent entendre beaucoup de laïcs mais surtout tant de clercs, que cette revalorisation se paie par une sorte de dévalorisation du presbytérat et de l'épiscopat? Le mouvement ne répond pas à des temps aussi grossièrement symétriques, et cette conclusion apparaît tout à fait simpliste. Je suis personnellement convaincu du contraire: la seule chance théologique du presbytérat et de l'épiscopat, c'est de repenser leur lien avec cette réalité indépassable qu'est le sacerdoce baptismal. Voilà également la seule façon de libérer l'existence des prêtres et des évêques d'un type de médiation qui, parce qu'elle n'est d'abord pas chrétiennement justifiable, leur fait une vie proprement impossible. En effet, la redécouverte de l'*unicité* de la médiation sacerdotale de Jésus Christ «constitue déjà (pour les prêtres), du simple point de vue humain, un allègement considérable. Elle libère d'un complexe de responsabilité autrement insupportable. Jésus Christ étant et restant le seul et unique prêtre, la responsabilité humaine concernant le salut d'autrui en général en devient d'abord supportable et même assumable. Elle est supportable dans la mesure où l'on croit que Jésus est le Seigneur à qui appartiennent l'histoire et donc l'avenir[25]».

---

24. Voilà la raison pour laquelle les *Lineamenta* effectuent, selon moi, un retour avant Vatican II. Ils ne posent pas la question du laïcat *dans ses relations* avec le clergé, et ne rendent donc pas compte des problèmes tels qu'ils sont concrètement vécus; mais, en même temps, ils refusent aussi et d'une manière tout aussi concrète d'entendre l'invitation que le concile adresse de convertir nos façons coutumières de vivre et de penser l'Église, en faisant de tous et de toutes le sujet de l'Église.

25. W. KASPER, *art. cit.,* p. 26.

J'ajouterais cependant: le service presbytéral et épiscopal n'est humainement vivable que si, retrouvant l'unicité du sacerdoce du Christ, on reconnaît une seule participation historique à ce sacerdoce, celle qui constitue justement le *sacerdoce baptismal.* Celui-ci, pour libérer les ministres, doit d'abord être respecté comme l'instance chrétienne qui permet de débloquer le statut ecclésial du laïcat. C'est donc en fonction de lui que doivent être repensées les structures ecclésiales présentes. *Quatre points* diront (trop rapidement) l'ouverture que la vie et la réflexion sont invitées à dégager.

Des laïcs habilités à médiatiser le salut

Le refus d'une forme de médiation n'implique pas que *toute* médiation est rejetée. La médiation chosiste justifie l'Église cléricale parce qu'elle consacre, à la fois, le statut actif des clercs (ils sont les *agents* du salut et de la vie ecclésiale) et le statut *passif* des laïcs (ils ne peuvent que *recevoir* tant le salut que l'Église). Ultimement, ai-je dit, le statut présent du laïcat fait injure au mystère même de Jésus Christ, à sa médiation. Il présuppose que cette médiation fonctionne comme fonctionnent les choses, et que l'humanité de Jésus n'est que l'objet d'un bon vouloir arbitraire de Dieu. Mais la médiation sacerdotale de Jésus Christ doit être située *dans* la Pâque même, *dans le Passage.* Il devient alors inacceptable de poser d'autres médiateurs qui, s'arrogeant un monopole sur le terme dans lequel tous et toutes doivent passer (Dieu et le salut), enlèvent aux personnes et aux communautés le droit et la responsabilité de rechercher le salut dans les passages historiques qu'ils sont appelés à vivre. Sont ainsi dégagés les fondements christologiques d'une anthropologie qui crève les rêves aliénants de l'*immédiateté,* et pour laquelle *tout,* dans la vie chrétienne, *ne* peut être vécu et pensé *que sous le mode de la médiation.*

Le sacerdoce «de tous les baptisés consiste en une participation ontologique à celui du Christ, qui constitue justement l'existence de la vie chrétienne elle-même[26]». Parlant du sacerdoce baptismal, renvoie-t-on à autre chose qu'à l'*être* chrétien et ecclésial? Au minimum, cela veut dire que l'activité du Christ Médiateur ne joue pas aujourd'hui grâce au pouvoir de choses ou de personnes qui seraient tout à fait *extérieures* aux croyants, aux croyantes et aux communautés, comme le donne à comprendre le cléricalisme. L'actualité de la médiation de Jésus Christ doit être recherchée, au contraire, *dans l'être* de tous les chrétiens et de toutes les chrétiennes, dans l'exercice historique de leur liberté croyante. Pas ailleurs. Si cette médiation de Jésus Christ fait don de liberté (et donc de responsabilité), comment les laïcs pourraient-ils encore tolérer un type de relation au clergé qui perdure uniquement grâce au refus de leur statut de sujet actif, et donc par une négation de leur dignité et de leur responsabilité chrétiennes? Plus directement: presbytérat et épiscopat ont-ils encore un sens *chrétien,* quand est enlevée aux «simples baptisés» la responsabilité de *les faire exister* eux-mêmes comme *un* sacrement particulier dans l'économie d'une Église remise à tous et à toutes? Je crois que seule la réponse historique à cette question permettra à l'Église de sortir de la contradiction présente. Elle seule dira si, oui ou non, le changement des perspectives ecclésiologiques n'est qu'une affaire de grand principe, beau dans les textes et dans la rhétorique des discours qui tentent d'enthousiasmer les laïcs, mais qui ne change rien à la marche historique de l'organisation ecclésiale.

« Une différence essentielle et pas seulement de degré »

Lumen Gentium 10 affirme clairement qu'il existe, entre le sacerdoce baptismal d'une part, et le presbytérat et l'épiscopat d'autre part, «une différence *essentielle* et pas seulement *de degré* ». Phénomène surprenant, on ressaisit souvent ce texte pour laisser entendre que les prêtres et les évêques «ne sont évidem-

---

26. P. GRELOT, *Le ministère de la nouvelle alliance,* Foi vivante 37, Paris, Cerf, 1967, p. 119. Je ne vois pas comment Grelot, dans la logique des fondements anthropologiques esquissés ici, peut encore tenir, sur le ministère ordonné, le discours analysé plus haut.

ment pas seulement des laïcs», et qu'ils ont donc quelque chose de «plus». Ce faisant, on pose justement des degrés et on nie la différence essentielle qui est affirmée par Vatican II. Comment comprendre cette différence essentielle? C'est précisément elle qui va définir les relations chrétiennement possibles entre les laïcs et ceux (prêtres, évêques et pape) en qui le cléricalisme épuise l'agir de l'Église.

Parce qu'il est de l'ordre de l'*être-chrétien* et qu'il affirme la participation de tous et de toutes à l'unique médiation de Jésus Christ, le sacerdoce baptismal doit être compris, concluait le chapitre précédent, comme *un horizon indépassable de vie, d'intelligibilité et d'agir.* Le présent moment de la démarche permet de préciser: cet horizon, définisseur de la vie chrétienne, interdit qu'aucun *autre* médiateur puisse s'interposer *entre* Jésus Christ et les croyants. Dès l'introduction de ce tiers-terme, en effet, on vient d'affirmer que le sacerdoce baptismal est dépassable et dépassé, et il meurt comme réalité indépassable. On retire d'une main ce qui fut donné de l'autre. D'une part, le sacerdoce baptismal est confessé comme *plénitude* de participation historique au sacerdoce du Christ; d'autre part, on vit (et on organise la vie) comme s'il pouvait y avoir un autre sacerdoce, du même ordre et ne se distinguant que par le «degré». Autant dire que le sacerdoce baptismal meurt *comme plénitude.* À moins que la foi ne condamne à l'absurdité de la contradiction, *il ne peut y avoir, dans l'histoire, d'autre sacerdoce chrétien que le sacerdoce baptismal,* un autre sacerdoce qui, à l'intérieur d'un tout homogène, ferait nombre avec lui.

Dire et vivre autre chose, c'est contredire *Lumen Gentium*: ces deux sacerdoces ne pourraient être pensés qu'en termes de «plus» et de «moins». La vision du prêtre-médiateur, telle que nous l'ont léguée les derniers siècles, fait d'ailleurs du prêtre un «*super-chrétien*[27]». Plus chrétien que les «simples» chrétiens, ce clerc loge au-dessus des laïcs et peut ainsi s'arroger le monopole de la vie ecclésiale. Mais cette mainmise n'est possible que

27. L'expression est de H. DE LUBAC, *Méditation sur l'Église,* Foi Vivante, 60, Paris, Aubier, 1968, p. 104.

par une réduction des baptisés... à l'état de laïcs, de ceux qui n'ont et ne font rien, face à ceux qui ont tout, peuvent tout, et font tout.

Sacerdoce baptismal et service des ministres ordonnés

La remise de l'Église entre les mains de toutes les personnes et communautés croyantes reste donc un vœu pieux si, pendant ce temps, on continue de contraindre la vie dans les vieilles structures. Ce discours est même dangereux: il peut endormir la conscience croyante, pendant que, au niveau du fonctionnement de l'organisation, certains s'affairent à renforcer les anciennes manières d'être et d'agir. Mais l'existence peut devenir assez vite intolérable quand il n'y a pas un minimum de cohérence entre ce qui est dit et ce qui est fait. Avant que l'Église ne devienne invivable à un nombre encore plus grand de chrétiennes et de chrétiens, les structures doivent s'ajuster à ce que la foi confesse. La confession du sacerdoce baptismal se répercute, au plan de la vie de l'Église, en cette autre confession: puisque croyantes et croyants, grâce au baptême, sont le sujet de la vie ecclésiale, toutes les personnes et toutes les communautés sont habilitées par Jésus Christ, durant le temps de l'histoire, à être *le répondant premier et dernier de l'Église.* Que de choses à dire là-dessus, concernant le rapport clercs/laïcs, mais qui déborderaient l'objectif limité de la démarche. Je me contenterai d'avancer les cinq points suivants:

1. Personne ni aucun groupe ne peut s'arroger, dans les structures de l'Église, une situation *supérieure,* des privilèges qui permettent de quitter la condition qui est commune à tous et à toutes, ou encore une responsabilité qui établirait structurellement *au-dessus* des personnes et des communautés[28]. Cela va de soi

---

28. Le peuple de Dieu « ne s'entend nullement des groupes de fidèles confiés aux pasteurs, mais de la communauté entière à laquelle appartiennent les clercs et les laïcs. Évêques et prêtres sont membres de ce peuple à titre de baptisés et de ministres. Ils ne sont pas en avant ou au-dessus du peuple, mais à l'intérieur » (N. PROVENCHER, « Vers une ecclésiologie totale », *Église et théologie,* 15/1 (1984), pp. 85-86).

et devrait être chrétiennement évident. Mais tant de modes de fonctionnement contredisent cette évidence, qu'il faudra encore longtemps se redire ce principe et réclamer son plein respect au niveau de l'organisation.

2. Après avoir refusé un statut de « supériorité », il faut encore ajouter: la plénitude du sacerdoce baptismal est également niée chaque fois qu'une personne ou un groupe se situe *à côté* de lui. Il y a des théologies qui invitent à ce cheminement parallèle: comment peut-on, par exemple, parler de « coresponsabilité », aussi longtemps que celle-ci est comprise selon la logique et la structure présente des relations clercs/laïcs? Mais il y a aussi, et surtout, des modes d'être et de se comporter proprement ex-centriques (par rapport à ce centre que doit être le sacerdoce baptismal), qui perpétuent le cléricalisme en renchaussant l'esprit de caste de ceux qui cheminent à côté des baptisés.

3. Vatican II ne sera pas respecté dans ses intentions profondes, tant que les structures ecclésiales ne mettront pas le presbytérat et l'épiscopat *au service* du sacerdoce baptismal. De toute évidence, la vie ecclésiale, vingt ans après Vatican II, est encore généralement organisée selon une dynamique contraire: ce sont les laïcs qui sont au service des clercs, au service d'une pastorale essentiellement définie par les clercs.

4. Il n'est pas vrai que le presbytérat et l'épiscopat sont au service du sacerdoce baptismal, si prêtres et évêques se posent eux-mêmes comme une sorte d'*a priori* intouchable, et, s'appuyant sur ce privilège qu'ils se sont à eux-mêmes octroyé, prétendent être l'*agent définisseur* de la spécificité de leur service. Personnes et communautés ont à découvrir, à partir des conditions d'existence que l'histoire impose à leur être-Église, le sens éventuel de ce service particulier que sacramentalise le ministère ordonné.

5. Les prérogatives du sacerdoce baptismal sont bafouées chaque fois qu'on lui refuse le *droit* aux services pour lesquels prêtres et évêques ont été ordonnés. À quoi bon, parlant des per-

sonnes et des communautés, affirmer la *plénitude* de leur être et de leur responsabilité, si c'est pour la mettre aussitôt en échec en déplaçant ailleurs (vers le clergé, dans les structures ecclésiales présentes) l'exercice du droit. Personnes et communautés auraient pleine responsabilité, mais sans droit de l'exercer!

La décision chrétienne et le service des ministres ordonnés

À toutes fins pratiques, nous avons appris à voir le prêtre-médiateur d'une manière qui ne laisse pas d'autre espace à la *décision croyante* que celui d'accepter ou de refuser la passivité structurelle des laïcs. Et pourtant n'est-ce pas là, dans cette décision, que Jésus Christ veut exister et agir comme Médiateur éternel? Le cléricalisme injurie la liberté-en-acte où, disait le chapitre précédent, la médiation de Jésus Christ doit être située. Quiconque veut faire échec au cléricalisme (et libérer les laïcs... du laïcat) trouve ici la pleine mesure de sa tâche, car ici se joue le sort de l'anthropologie chrétienne. Du moins peut-on, ne considérant que l'état présent de la relation clercs/laïcs, inviter la vie et la réflexion à l'exploration de *trois niveaux* qui ouvrent progressivement le champ de la liberté-en-acte, de la décision chrétienne et de sa responsabilité.

1.   Au premier niveau, le plus évident, surgissent toutes les questions concernant le choix des ministres ordonnés, prêtres et évêques.

Il est bien évident qu'une certaine conception chosiste de la grâce sacramentelle et, en particulier, du «caractère sacerdotal», a enlevé au peuple chrétien la possibilité même d'avoir quoi que ce soit à dire sur le choix de ses ministres. Tout se passant dans une sorte d'immédiateté entre Dieu et le ministre qui est ordonné, où peut bien se glisser la décision des laïcs, quelle marge donne-t-on à l'exercice de leur responsabilité? Les candidats au ministère répondent à la seule poussée d'un «appel intérieur personnellement reçu[29]» et entrent au séminaire. Que faire lorsqu'ils

---

29. H. Legrand a donc raison de critiquer «le régime actuel d'accès au ministère presbytéral». Ce régime «est celui de la candidature de volontaires,

en sortent pour effectuer une seconde « entrée », cette fois dans une communauté restreinte, une paroisse ou un diocèse? Parce qu'elle était absente à l'origine du processus, la décision des personnes et des communautés, au terme, est forcée de subir en se soumettant.

Aux différents paliers de l'organisation ecclésiale, différentes réformes sont amorcées concernant le choix des ministres ordonnés, et chacune mériterait une analyse attentive. Mais comment ne pas s'interroger sur leur sens profond, quand on voit ce long mouvement de restructuration progressive de l'espace venir mourir sur le pouvoir absolu que garde le pape de choisir les évêques? On tente, en bas, de favoriser une intervention la plus large possible. Mais personnes et communautés sont déjà condamnées à devoir lutter contre cet autre courant qui, prenant source en haut, oppose la force d'une dynamique inverse. Cet autre courant, on le voit de plus en plus, veut tout envahir. Il se réserve le pouvoir de se répandre petit à petit sur l'ensemble de l'organisation ecclésiale: en se gardant la décision finale sur le choix de chaque évêque, Rome s'assure en effet le contrôle de la configuration des conférences épiscopales, et finit par déterminer, d'une manière plus immédiate qu'on est peut-être porté à le penser spontanément, tous les modes particuliers de la vie ecclésiale. L'existence baptismale finit par se noyer dans ce courant, tant il neutralise concrètement la possibilité même d'une décision responsable, personnelle et communautaire.

2.   Cette neutralisation de l'agir des laïcs montre bien l'urgence de problématiser à un second niveau, en un sens plus fondamental encore, l'être et la responsabilité de la décision croyante. Le cléricalisme continuera en effet de sévir (et donc de constituer le laïcat) tant et aussi longtemps que cette décision ne sera pas respectée comme l'instance première et dernière, en fait la seule,

---

généralement jeunes, acceptant le célibat. Ce volontariat, qui correspond psychologiquement à un appel intérieur, est appelé vocation dans le langage courant, voire même dans des textes plus ou moins officiels ». Après avoir montré comment « deux innovations du Codex de 1983 accentuent encore cette subjectivisation de la vocation », il rappelle qu'une telle vue « ne peut se réclamer purement et simplement de la tradition » (« Les ministères de l'Église locale », p. 246).

à laquelle il revient de faire exister le presbytérat et l'épiscopat *comme un service ecclésial.* Et cet impératif doit se comprendre d'une double manière. Il redit d'abord ce qui fut déjà avancé plus haut: si le ministère ordonné est nécessaire à l'Église, prêtres et évêques ont *des services à rendre* auxquels ont droit les personnes et les communautés; c'est donc à celles-ci de décider si ces services sont effectivement rendus et si leur droit est respecté. Mais le champ de la décision n'est pas encore suffisamment ouvert pour enlever toute prise au cléricalisme. En effet, le vocabulaire et le sens commun disent déjà à quel point la logique du «rendre-des-services» peut instaurer une relation de sujet à objet. Un pôle rend un service, parce qu'il est riche de ce dont l'autre est pauvre. Prêtres et évêques auraient ainsi pouvoir de donner au laïcat ce qu'il n'a pas et ne peut recevoir que d'eux. Comment concilier une telle relation (surtout en ce qu'elle implique de «manque» dans la définition du laïcat) avec la confession chrétienne du sacerdoce baptismal comme pleine participation au sacerdoce du Christ? Décider de faire exister le presbytérat et l'épiscopat *comme service* d'une Église remise à tous et à toutes, c'est dire un *dé-centrement* qui est exigé des ministres ordonnés et qui *définit* leur place dans l'Église. Quelle est l'instance qui veillera à ce que ce décentrement soit effectivement vécu? Dans l'Église de l'histoire, on n'en voit pas d'autre que les personnes et communautés au profit desquelles le décentrement doit s'exercer.

3.   Le troisième niveau porte si loin l'intervention de la décision de tous et de toutes, que l'invitation à y entrer se formulera sous le mode de la question. Le deuxième chapitre concluait: aucune personne ni aucune communauté n'échappe à la responsabilité de *faire exister Dieu* dans l'histoire. Quant au troisième chapitre, il disait qu'à tous et à toutes est confiée la tâche de médiatiser le salut lui-même, et que tous et toutes, dans leur humanité, sont donc chargés de *faire exister le salut.* En vertu de quoi la responsabilité commune devrait-elle cesser d'intervenir, maintenant que nous sommes parvenus dans le champ de la sacramentalité? Arrivés à ce sacrement particulier qu'est le ministère ordonné, la décision personnelle et communautaire doit-elle

démissionner? D'où la question: épiscopat et presbytérat *existent-ils* lorsque des consciences croyantes ne sont pas *en train de les faire exister* comme sacrement particulier au service de l'Église-sacrement? On dépasse ici l'ordre de l'aménagement historique et de l'exercice concret du service presbytéral et épiscopal, pour s'interroger sur l'*existence* même du sacrement. Vie et réflexion, au regard de la tradition des derniers siècles, sont alors confrontées à d'épineux problèmes: qu'on pense seulement à l'«indissolubilité» du «caractère sacerdotal» et à notre compréhension choisiste tant de ce caractère que de son indissolubilité; qu'on songe encore à une «grâce sacramentelle» qui serait directement et personnellement donnée aux clercs, sans aucune intervention de la liberté communautaire des laïcs, etc. Mais honorons-nous la décision croyante des baptisés quand nous abandonnons en chemin et ne nous rendons pas jusque-là, lorsque nous tardons à remettre l'existence des ministres entre les mains des personnes et des communautés croyantes? Pour ma part, je pense que les laïcs ne quitteront pas le laïcat, ils ne sortiront pas de la passivité, si le statut de sujet leur échappe à ce dernier moment de la réappropriation, au moment où l'existence du ministère ordonné devrait exiger l'intervention responsable de leur liberté-en-acte.

Chapitre cinquième

LA MESSE

« Un signe sensible qui produit la grâce »

On sait la place privilégiée que les chrétiens, et plus particulièrement ceux de la confession catholique romaine, accordent à la célébration de la Messe. Vatican II rappelle d'ailleurs: « Mais c'est par le ministère des prêtres que se consomme le sacrifice spirituel des chrétiens, en union avec le sacrifice du Christ, unique Médiateur, offert au nom de toute l'Église dans l'Eucharistie par les mains des prêtres, de manière non sanglante et sacramentelle, jusqu'à ce que vienne le Seigneur lui-même[1]. » La réflexion passe donc au quatrième élément qui sert à définir la structure de notre mentalité religieuse contemporaine.

Le texte cité rattache directement l'Eucharistie au sacrifice du Christ Médiateur. Il dit aussi la place des prêtres à la Messe: c'est « par leur ministère », « par leurs mains », que s'y « consomme le sacrifice spirituel des chrétiens ». Ainsi le concile, dans une courte phrase, ne peut s'empêcher de relier directement l'Eucharistie aux deux éléments que les chapitres précédents viennent tout juste d'analyser: les prêtres et le Christ. Prenant acte de ces liens, on est en droit de se demander: la compréhension qu'on a généralement de l'Eucharistie ne fait-elle que poursuivre un peu plus

---

1. *Ministère et vie des prêtres* n° 2.

loin la logique exclusivement déductive amorcée précédemment? D'une manière plus abrupte: cette consommation eucharistique de la vie chrétienne, pour reprendre l'expression de Vatican II, *consomme*-t-elle aussi l'*activité* des clercs et la *passivité* des laïcs? Attentive aux relations, la réflexion ne questionne donc pas l'Eucharistie en soi, elle ne veut pas nier son importance dans la vie chrétienne et ecclésiale. Elle essaie seulement de comprendre les *liens* que la Messe a entretenus et entretient encore avec la globalité du paysage religieux, elle examine ses rapports avec chacun des autres éléments, et, surtout et plus immédiatement, elle s'interroge sur le type de relations entre clercs et laïcs que la Messe met aujourd'hui en œuvre.

Il doit être devenu évident qu'une interrogation de fond porte désormais la réflexion: quel sort réserve-t-on à la *liberté-en-acte* des personnes et des communautés croyantes? Dans la célébration de la Messe, qu'ont-elles à *décider,* si tant est qu'elles ont à décider quoi que ce soit? Une réponse valable exige, encore une fois, le consentement à un double détour préalable, le détour par les visions coutumières de la Messe et par la place respective qu'y occupent clercs et laïcs.

1. Une médiation sensible et efficace de l'agir du Christ

Nous avons appris, surtout depuis Trente, que les prêtres sont ordonnés essentiellement pour la célébration de la Messe. Même dans un livre souhaitant la fin d'une Église cléricale, P. Guilmot écrit: «Le seul point qui distingue vraiment le prêtre du fidèle, c'est qu'il a le pouvoir de 'faire' l'eucharistie[2].» C'est donc à la Messe que les prêtres exercent leur pouvoir. Mais il va sans dire que s'exprimait, à la Messe, une dynamique qui organisait l'ensemble de la vie chrétienne et ecclésiale. Si la réflexion s'intéresse maintenant à la Messe, à ce qui s'y vit et à la structure ecclésiale qu'elle illustre, l'enjeu est cependant beaucoup plus large. On trouve là, en effet, une expression de la manière selon laquelle

---

2. *Fin d'une Église cléricale?,* Paris, Cerf, 1969, p. 345.

chrétiennes et chrétiens ont appris à *gérer l'ensemble de leurs rapports au sacré.*

Mais si toute la question du culte chrétien pourrait être ici soulevée, je parlerai surtout de la Messe et de la place qu'y occupent les prêtres et les laïcs. Trois touches successives permettront d'entrer petit à petit dans le travail d'interrogation.

La Messe: par les prêtres et le Christ, un acte de Dieu

Il n'est sûrement pas exagéré de dire que la Messe, pour l'immense majorité des gens, *n'est définie que* par le haut et *définit* le bas. En d'autres mots, elle est l'objet des éléments qui la précèdent dans le schéma, et seule leur intervention lui permettra de devenir, à son tour, le sujet du bas, de l'Église et du monde. Le révèle clairement un examen, même rapide, des rapports selon lesquels la Messe entre en relation avec chacun des éléments précédents.

La Messe est d'abord définie par les prêtres. Il est encore courant d'identifier «prêtre» et «célébrant de la Messe»: le prêtre, dit-on encore couramment, est celui qui *célèbre* la Messe. Cette identification n'est pas aussi innocente qu'il paraît. Elle contribue à rétrécir exagérément, disais-je dans le chapitre précédent, le champ d'intervention des prêtres et des évêques. Mais cette réduction constitue le prix à payer pour assurer à ceux-ci un monopole sur toute la célébration ecclésiale de la foi.

Ce serait pure mesquinerie que de nier les innombrables et heureuses initiatives qui ont été prises pour rendre les célébrations eucharistiques plus vivantes, plus proches des gens et de leur vie. Mais est-ce suffisant? Plus encore: ce genre d'adaptation sera-t-il jamais suffisant? Encore aujourd'hui, une Messe dominicale dans les églises paroissiales nomme clairement le jeu structurel qui continue d'être mis en œuvre: les laïcs *assistent* à la Messe que le prêtre *célèbre*. Tout tourne autour de l'autel, qui reste le domaine du prêtre et, par extension, de ceux qu'il veut bien y inviter. C'est lui qui reste l'acteur principal. Tout en reconnaissant les initiatives prises pour une plus grande «participation» des fidèles, le prêtre n'est-il pas *le seul* qui agisse vraiment? En effet, quand arrive le moment qui compte, celui de la consécration, les laïcs se rappellent inévitablement ce qu'ils ont longuement appris: le prêtre *consacre,* il est en train de prononcer les paroles qui vont *faire venir* le corps et le sang du Christ dans le pain et le vin[3]. Quelle est, à ce moment précis qui est vu comme le moment décisif, la place de la décision croyante? Que répondraient les assistants, la foule des laïcs, si on leur demandait en quoi leur liberté est alors invitée à intervenir, à exercer ce qui constitue peut-être la plus grave de ses responsabilités? Pour l'immense majorité, à n'en pas douter, l'action se passe en-dehors d'eux, et ils ne peuvent que recevoir le mieux possible ce qui est comme le fruit des paroles du prêtre, le pain et le vin consacrés. Des mains du prêtre, ils «reçoivent la communion», comme on dit encore couramment.

Voilà qui indique assez comment chrétiennes et chrétiens lisent la consécration comme une intervention directe et immédiate du Christ. La dignité du prêtre, en effet, naît du pouvoir que le Christ lui-même exerce et manifeste chaque fois qu'un prêtre célèbre la Messe. Et les prêtres ne sont les sujets de la célébration que dans la mesure où le Christ est constamment en train d'intervenir pour les en rendre capables. J'ai cité plus haut le *Document IV*[4], car il dit en clair ce que pensent les croyants, leur façon de lire l'action de Jésus Christ à l'Eucharistie. Ce texte relie directement les prêtres au Christ qui, «par son ascension, fut enlevé aux yeux» de ses fidèles. «Assis invisiblement à la droite du Père», ce Christ éternel veut «exercer visiblement son sacerdoce dans l'Église de la terre, et rendre manifeste sa propre action». Si les laïcs lisent spontanément le pain et le vin comme la transcription *immédiate* du corps et du sang du Christ, et si, regardant le prêtre, ils voient directement le Christ lui-même, c'est d'abord parce qu'ils veulent répondre à ce qu'on leur a présenté comme une volonté directe du Christ, du Christ de gloire, «assis invisiblement à la droite de son Père». Que sont les fidèles pour

---

3. Repensons aux expressions rapportées par Y. Congar et que j'ai citées dans le chapitre précédent, p. 91.

4. Cf. p. 78.

résister à semblable volonté? Et donc: qui sont-ils pour chercher dans la consécration autre chose qu'un exercice de la souveraine liberté du Christ glorieux? Ces questions ont toutefois leur pendant inexorable: semblable vue des choses ne soumet-elle pas et n'aliène-t-elle pas la liberté humaine des croyants et des croyantes? Elle ne leur laisse pas d'autre décision que celle de ne pas trop intervenir, d'en faire le moins possible, pourrait-on dire, afin que soit dégagé tout l'espace nécessaire à une venue immédiate du Christ en personne.

Un texte récent de Jean-Paul II reflète et entretient cette vision dont on devine déjà qu'elle est proprement maléfique: «Mais il ne faut pas oublier pour autant la fonction première des prêtres qui, par leur ordination, ont été consacrés de manière à représenter le Christ-prêtre: leurs mains, comme leur parole et leur volonté, sont donc devenues un *instrument direct* du Christ[5].» Le lien direct avec le Christ permet ensuite un discours dramatique sur les mains des prêtres, cet «instrument» de la volonté du Christ: «Toucher les saintes espèces, les distribuer de ses mains, est un privilège des personnes ordonnées, qui indique une participation active au ministère de l'eucharistie.» Serait-il caricatural d'ajouter que cette dramatisation est possible dans la mesure où les mains des prêtres sont vues comme les mains *de Dieu lui-même*? Voilà bien, en tout cas, ce que pensaient et pensent encore les chrétiens. En touchant et en distribuant les saintes espèces, les prêtres touchent et distribuent cela en quoi se manifeste immédiatement le Dieu de Jésus Christ. Leurs mains sont donc un «instrument direct» de Dieu même. En elles et par elles, il commence et recommence sans cesse le salut. Mais en elles et par elles, faut-il ajouter, Dieu se révèle comme absolu de commencement: ces mains ne seraient pas dignes de lui s'il n'intervenait, *à chaque fois* qu'elles consacrent, pour les élever à cette dignité. Voilà donc comment, en parlant des mains des prêtres, la Messe est rattachée directement à Dieu comme commencement absolu de tout mais aussi, et surtout, comme absolu de commencement.

---

5. «Lettre à tous les évêques de l'Église sur le mystère et le culte de la Sainte Eucharistie», *La Documentation Catholique* 77 (1980), pp. 301-312. Les italiques sont de moi.

Absence de l'Église et du monde

La Messe est donc définie par les prêtres, le Christ et Dieu. Deux grands absents, dans la dynamique mise en œuvre par cette vision commune: l'*Église* et le *monde,* c'est-à-dire les deux éléments qui suivent dans le schéma ou, pour dire plus justement les choses, que le schéma situe *sous* la Messe. Ils sont réduits à la condition d'objet, n'agissent pas et n'ont pas à agir.

L'iconographie révèle toujours les schèmes mentaux qui structurent une mentalité religieuse. Qui ne se souvient de ces temps encore proches où les images, distribuées à l'occasion d'une ordination sacerdotale, montraient le prêtre en haut des degrés qui montent à l'autel, suprêmement seul, ou accompagné d'enfants que leur costume suffisait à assimiler au clergé? À moins que le prêtre (éventuellement accompagné des «servants») ne soit à lui seul l'Église, celle-ci paraît étrangement absente de l'action qui est en train de s'accomplir. Qu'on songe encore à la prolifération des Messes dites «privées», sans aucune «assistance» ou, au mieux, avec un servant qu'on s'évertuait à valoriser comme représentant du peuple des baptisés.

Depuis quelques décennies, la vie et la réflexion essaient de corriger les excès les plus flagrants. Elles tentent, péniblement, de redécouvrir la dimension proprement *communautaire* de *toute* célébration de l'Eucharistie, même la plus restreinte. L'Église, c'est un fait, part de bien loin, on doit respecter les efforts immenses et tout à fait dignes d'estime qui ont été consentis pour faire participer les communautés (paroissiales par exemple) aux célébrations de l'Eucharistie. Mais ne sommes-nous pas encore loin du compte? Est-il sûr que personnes et communautés, au-delà ou en deçà des aménagements qui s'imposent de toute évidence, entendent bien l'impératif qui se propose? Si la décision a l'importance que nous avons dite, en effet, et si la communauté est appelée à intervenir dans la célébration de la Messe, le défi semble bien être le suivant: la Messe n'existera pas comme acte *d'Église* tant et aussi longtemps qu'elle ne sera pas *l'acte d'une décision proprement communautaire.* Non pas acte d'un homme isolé, ni célébration à laquelle assiste un groupe d'individus anonymes, ni même «participation» de tous à l'agir d'un seul (ou de quelques-uns, si l'on songe à ce qui est communément appelé une «concélébration»), mais activité dans laquelle se médiatise la liberté communautaire de tous et de chacun. En fait, les initiatives récentes tentent d'éduquer les croyants en leur montrant comment l'Eucharistie *fait* la communauté-Église. Et l'on a sans doute raison d'insister sur ce moment de la dynamique. Mais on sait mal, encore aujourd'hui, en quoi et comment l'Eucharistie *est aussi faite* par la communauté *comme* communauté.

Le *monde,* pour sa part, est-il réduit à la condition d'objet passif? Chrétiennes et chrétiens n'ont pas appris en quoi il aurait à intervenir dans la célébration de la Messe.

Qui n'a pas entendu ce refrain, repris par des laïcs de plus en plus nombreux: «Je ne vais plus à la Messe, elle n'a plus de sens pour moi et je m'y ennuie.» Avant de rejeter la responsabilité de cette désaffection sur le compte d'une paresse de la foi, avant donc de moraliser les réponses, ne ferait-on pas bien d'écouter enfin la question structurelle que cet exode est en train de poser? Si la Messe est devenue proprement insignifiante (sans signification) pour l'existence d'une foule de laïcs, c'est d'abord parce que cette existence, qui est inévitablement existence *dans le monde,* n'entre pas dans la définition (pratique et théorique) des célébrations. En un mot: ce qu'on appelle le *monde,* et l'existence personnelle et communautaire en plein cœur de ce monde, tout cela demeure étranger à la fabrication de la Messe.

Encore une fois, Dieu sait les efforts qui ont été consentis pour rendre les messes plus vivantes. Mais ces efforts n'ont pas bloqué l'hémorragie, et la pratique continue de chuter. Il est à parier que les défections augmenteront tant et aussi longtemps que le monde, en bas, ne sera pas jugé digne de *définir* lui aussi l'Eucharistie. Trois indices suffisent à révéler le mépris pratique qu'on nourrit envers le monde. Peu importe le coin d'*espace* que les laïcs occupent, qu'ils habitent la ville ou la campagne, dans le Nord des riches ou dans le Tiers-Monde, un quartier défavorisé ou une banlieue cossue, les clercs continuent de célébrer la Messe d'une manière toujours identique à elle-même. Deuxième indice: le *temps* n'est pas pris davantage au sérieux. Il y a bien les «saisons liturgiques», mais elles constituent justement un temps intra-ecclésial, les saisons «de la foi», un temps propre à la liturgie. Je veux plutôt parler de ce temps qui est l'inscription historique des genèses personnelles et collectives: un enfant peut-il célébrer comme un adulte, une communauté d'expérience répéter tout bonnement les façons de ses débuts, un monde de l'ère atomique entrer sans plus dans un moule défini avant même l'apparition de l'imprimerie? Ces deux premiers indices pointent vers un troisième: qu'on soit économiquement riche ou pauvre, de tel parti politique ou de tel autre, engagé dans telle lutte que les voisins ignorent ou contre laquelle ils s'objectent, toute cette *pluralité* se noie dans une uniformité qui nivelle, une Eucharistie qui bénit tout et son contraire. Et pourtant c'est bien là, dans cet espace-temps et cette pluralité, que la décision des laïcs doit jouer. N'existant jamais chimiquement pure, par ailleurs tenue à l'écart dans la fabrication des Messes, comment cette décision pourrait-elle tirer son profit (chrétien et donc humain) de célébrations anhistoriques, anonymes, uniformes et uniformisantes? La Messe a trop ignoré le monde pour que le monde ne soit pas justifié de l'ignorer à son tour.

« Un signe sensible qui produit la grâce »

Le monopole exercé par les éléments du haut, et l'absence du bas, de la décision humaine des croyants, de cette décision *telle* que le bas la conditionne, tout cela questionne finalement la compréhension qu'on se donne généralement de l'*efficacité* de l'Eucharistie. En fait, et par le biais de ce sacrement particulier, c'est tout l'univers de sa sacramentaire que l'Église est aujourd'hui conduite à reconsidérer. Elle doit en effet se demander: y a-t-il une façon *chrétienne* de gérer les rapports au sacré? Et particulièrement: quelle est cette façon, lorsque c'est de la Messe qu'il s'agit? Une chose est certaine: la mentalité commune se fait, de celle-ci, une conception proprement *magique*. Et il est clair qu'y contribuent la présentation habituelle et l'acception courante de la Messe comme «signe sensible produisant la grâce[6]». On

---

6. Parmi les questions qui se posent aujourd'hui à la sacramentalité, R. Didier retient le fait que l'Église «semble se complaire dans une théologie

retrouve ici (faut-il s'en étonner?) la médiation néfaste contre laquelle les chapitres précédents sont constamment venus se buter. Prenant appui sur ce qui a déjà été dit, quatre points suffiront à dégager la problématique générale selon laquelle est vécue l'efficacité de l'Eucharistie (et des autres sacrements).

1.   Dans la compréhension commune de la sacramentalité, tout commence toujours par une dichotomie. Mais pourquoi en est-il ainsi? Le phénomène est incompréhensible si on ne tient pas d'abord compte du fait que la vie chrétienne et ecclésiale est une réalité *complexe*. Dans le mystère de sa Pâque, Jésus Christ révèle à la fois la vérité de Dieu et la vérité de l'homme. Deux pôles sont déjà affirmés (*Dieu et l'homme*) qui interdisent de réduire à l'unidimensionnalité l'écriture humaine du salut. Ils offrent cependant prise à des disjonctions (des «ou... ou») dont on attend, littéralement, qu'elles simplifieront l'existence: ou Dieu ou l'homme, ou les choses d'en haut ou celles d'en bas, ou la prière ou l'action, ou la mystique ou l'engagement, il faut ou se consacrer aux choses du salut, ou s'employer à libérer humainement une terre qui gémit sous le poids d'oppressions innombrables, etc. Les façons coutumières de situer l'Eucharistie mettent en œuvre cette dramatique. Elles affirment d'une part, comme disait par exemple le *Document IV*, l'*invisibilité* de l'acte sacrificiel que le Christ exerce pour l'éternité, acte définitif qui donne à l'histoire entière le sens dernier de sa marche. Mais les personnes et les communautés, d'autre part, sont justement prises dans un monde dont elles ne peuvent se déprendre et qui est monde du *visible*. Sans doute le sacrifice du Christ et celui (historique) des chrétiens entretiennent-ils des liens qui les compromettent mutuellement. Mais du strict point de vue de la visibilité, ils suivent, pourrait-on dire, des chemins parallèles, juxtaposés. Voilà pourquoi il faut une volonté *nouvelle* du Christ ressuscité: «Il veut exercer visiblement son sacerdoce dans l'Église de la terre», disait le *Document IV* pour justifier le sacerdoce des prêtres. C'est déjà présupposer que, même après la Pâque,

---

de l'*ex opere operato,* où l'attention portée presque exclusivement à l'efficacité des gestes confine à la magie» (*Les sacrements de la foi. La Pâque dans ses signes,* Croire et comprendre, Paris, Le Centurion, 1975, p. 16).

la vie du Seigneur échappe au domaine du repérable et que les croyants ne peuvent, dans leurs activités visibles qui travaillent à une transformation du monde, dire visiblement le salut. Un *fossé* a donc été creusé, une dichotomie d'abord établie, ici entre le visible et l'invisible. Ailleurs, pour les autres sacrements, l'a priori est le même: le baptême, par exemple, est nécessaire parce qu'on a comme séparé un statut de péché et un statut de grâce, la pénitence parce qu'il faut passer de la condition de pécheurs à celle de pardonnés, etc.

2.   Voilà donc où vient se glisser la médiation de l'Eucharistie. Elle comble l'abîme entre visible et invisible. Elle est un «*signe sensible*»: l'acte dans lequel l'invisible prend l'initiative de se révéler d'une manière repérable, visible dans l'histoire. Elle est donc un tiers-terme objectivé qui vient se glisser entre les deux pôles qui, sans elle, seraient irréconciliés. Il en est de même pour tous ces tiers-termes que sont les autres sacrements: le prêtre se glisse «entre» le Christ et le monde pour donner le Christ au monde, le baptême prend le baptisé dans un état de péché pour l'introduire dans le monde de la grâce, la pénitence produit le pardon là où le péché avait séparé l'homme de Dieu, etc.

3.   Une double critique, toutefois, fait que tous ces ponts s'écroulent. À la Messe, la venue de l'invisible dans le visible ne peut pas se dire toute nue, d'une façon qui échapperait à l'opacité des choses. Signe «sensible» qui devait «produire la 'grâce'», elle-même est contrainte de se perdre en du sensible, en des choses (en l'occurrence le pain et le vin) qui, parce que choses, ne révèlent pas au regard sensible autre chose que ce qu'elles sont: le pain et le vin, visiblement, restent toujours du pain et du vin. D'autre part, la Messe (où, dit-on, s'épuise toute la visibilisation de l'invisible, et où, plus globalement, toute existence historique trouve révélation de son sens de salut) ne dit plus rien «visiblement». Elle apparaît de plus en plus, à un nombre de plus en plus grand de croyantes et de croyants, comme décrochée des grands enjeux du monde, des défis humains, personnels et collectifs. Elle a perdu toute sa pertinence humaine dans la conduite chrétienne des tâches historiques.

4.   Mais cette compréhension habituelle de l'efficacité sacramentelle se révèle christologiquement intolérable. Même si elle ne l'avoue pas explicitement, elle présuppose que Jésus Christ a plus ou moins réussi le salut, puisqu'elle maintient une disjonction entre des réalités dont on confesse pourtant qu'il les a réconciliées «une fois pour toutes» (*satisfecit*, «il a fait assez»). Ce type d'efficacité détruit l'unicité de la médiation de Jésus Christ, en proposant un mode de production irrecevable: si le Christ, en effet, n'est pas toujours déjà à l'œuvre là où les sacrements s'arrogent le pouvoir de venir produire la grâce, *il n'y sera pas plus une fois leur intervention effectuée.* Pour corriger les schèmes de pensée concernant l'efficacité de la Messe (et des autres sacrements), pour que les croyants se libèrent de la mentalité magique, il faut d'abord reconsidérer les fondements christologiques qu'on donne à ce type d'efficacité. Je reprendrais donc, à un autre niveau, une formule déjà employée: l'Église a toujours la sacramentalité que sa christologie mérite.

2. La Messe et les rapports clercs/laïcs

La réflexion ne vient-elle pas de se laisser distraire indûment, de se perdre en des considérations qui n'ont rien à voir avec la situation ecclésiale concrète du clergé et du laïcat? Certains détours révèlent parfois, quand le terme a été atteint, qu'ils étaient en fait des raccourcis. Il est clair que la célébration des sacrements, surtout de la Messe, constitue l'assise cultuelle que se donne présentement l'organisation des rapports clercs/laïcs. Comme le culte organise les relations de l'histoire à Dieu lui-même, à l'Absolu de Dieu, on peut facilement s'y référer pour absolutiser en retour une structure particulière. Quelle meilleure façon, pour sauvegarder le contrôle des clercs sur la vie ecclésiale, que d'assurer leur contrôle absolu de l'Eucharistie?

Je reprends d'abord un assez long passage de la lettre de Jean-Paul II, déjà citée plus haut, «sur le mystère et le culte de l'Eucharistie»:

«Pour cette raison, comme ministres de la Sainte Eucharistie, ils (les prêtres) ont sur les saintes espèces, une responsabilité primordiale *parce que totale* : ils offrent le pain et le vin, ils les consacrent, et ensuite ils distribuent les saintes espèces à ceux qui participent à l'assemblée et qui désirent les recevoir. Les diacres peuvent seulement apporter à l'autel les offrandes des fidèles et, une fois qu'elles ont été consacrées par le prêtre, les distribuer. Qu'il est donc éloquent, même s'il n'est pas primitif, le rite de l'onction des mains de notre ordination latine, comme si ces mains avaient justement besoin d'une grâce et d'une force particulières de l'Esprit Saint !

Toucher les saintes espèces, les distribuer de ses mains, est un privilège des personnes ordonnées, qui indique une participation active au ministère de l'eucharistie. Il ne fait aucun doute que l'Église peut concéder cette faculté à des personnes qui ne sont ni prêtres, ni diacres, comme le sont les acolytes dans l'exercice de leur ministère, spécialement s'ils sont destinés à une future ordination, ou d'autres laïcs qui y sont habilités pour une juste nécessité, et après une préparation adéquate » (*loc. cit.*).

Il serait difficile de mieux dire, dans un texte aussi court, l'organisation présente des célébrations eucharistiques et donc, par extension, la place respective des clercs et des laïcs dans toute la vie de l'Église. Jean-Paul II se fait distributeur de rôles, il assigne à chaque groupe de chrétiens la place qui lui est propre, mais dit clairement, surtout, la dynamique de leurs relations, comment ils peuvent et doivent intervenir entre eux. Remontons à l'envers le mouvement de ce texte, pour voir le rôle qui est attribué à chacun des acteurs.

1. Les premiers acteurs rencontrés, dans ce mouvement de remontée, ce sont les laïcs. Mais sont-ils vraiment des acteurs? Agissent-ils dans la célébration eucharistique? En ce qui concerne l'offrande du pain et du vin, de même que pour leur consécration, les choses sont nettes: tout agir et toute responsabilité échappent aux laïcs. Reste donc la distribution de la communion. Le principe de départ est alors clair, il ne souffre pas d'ambiguïté: en eux-mêmes les laïcs ne peuvent rien, même pour cette distribution. Comment justifier cette sorte d'incapacité ontologique? Que dit le pape sur le statut des laïcs? On ne sera pas surpris de constater que Jean-Paul II, lui non plus, ne peut pas procéder autrement que *par la négative*. La phrase portant explicitement

sur la distribution de la communion introduit en effet les laïcs comme «des personnes qui *ne* sont *ni* prêtres, *ni* diacres». Ils pourront éventuellement parvenir à un certain statut de sujet actif. Mais ce sera sous le mode de la *concession,* et non pas au nom d'une dignité et d'une responsabilité propres: «Il ne fait aucun doute que l'Église peut concéder cette faculté à des personnes qui ne sont ni prêtres, ni diacres.» Mais *qui* est alors cette Église qui concède? De toute évidence, elle est identifiée aux prêtres, aux évêques et au pape, et ce sont les clercs qui «habiliteront» certains laïcs à distribuer la communion, après avoir déterminé eux-mêmes s'il y a «juste nécessité» et défini les paramètres d'une «préparation adéquate».

Dans les faits, de plus en plus de paroisses et de diocèses font aujourd'hui appel à des laïcs pour la distribution de la communion. Certains diront que ce n'est pas encore la mer à boire, mais au regard d'un pouvoir absolu, et dans l'esprit surtout de ceux qui le détiennent, cette petite intrusion lézarde la totalité de l'édifice: le pouvoir cesse d'être un absolu dès que, dans un moment quelconque de son activité, quelque pouvoir (aussi limité soit-il) lui échappe. Le monopole vient tout juste d'être nié. Un monopole dont on voit bien, par ailleurs, qu'il se sert de la Messe pour se sacraliser lui-même afin de mieux s'exercer sur la totalité de la vie ecclésiale.

Beaucoup de prêtres et d'évêques, et le pape lui-même, appellent les laïcs à l'exercice de responsabilités paroissiales ou diocésaines. Mais s'ils écoutent Jean-Paul II et adoptent sa logique ecclésiologique, comment prêtres et évêques peuvent-ils agir autrement que sous le mode de la concession? Plusieurs, effectivement, tant laïcs que prêtres ou évêques, y voient une nécessité tout à fait temporaire, une sorte de contrainte momentanée qu'impose la baisse des effectifs du clergé, un palliatif auquel recourir en attendant que les prêtres se fassent plus nombreux et que se rétablisse enfin l'ordre des choses. Autre phénomène observable: prêtres et évêques appellent, mais en imposant des normes de préparation copiées sur ce qui est exigé du clergé. À ce jeu-là, les laïcs sont toujours perdants. Ou les exigences leur apparaissent démesurées, et ils tardent indéfiniment à prendre la place à laquelle on les invite; ou ils entrent dans un curriculum qui, plus ou moins subtilement, les assimile au clergé, les cléricalise eux-mêmes; ou, dès qu'ils ont exercé effectivement un certain pouvoir et ébranlé le monopole, ils sont déclarés inaptes et mal préparés par ceux-là mêmes qui contrôlent le code d'une préparation adéquate.

Et rien n'a encore été dit sur les relations des laïcs avec les «autorités» romaines! Je connais par exemple un diocèse dont l'évêque vient de se faire dire, par ces autorités éloignées de quelques milliers de kilomètres, qu'il avait tort de déclarer une «juste nécessité» et de confier à des laïcs de vraies responsabilités paroissiales. Sans doute les autorités romaines connaissent-elles la situation concrète du diocèse et ses besoins propres mieux que les personnes et les communautés directement concernées! Mais arrêtons le recours à des illustrations, car le vice structurel est suffisamment nommé: la célébration de la Messe est organisée de telle façon qu'elle *reflète* l'organisation concrète de l'Église et *alimente* des relations où les laïcs sont l'objet des clercs.

2. Entre les laïcs et les prêtres s'étend une zone d'ombre, où jouent des intervenants mal identifiés, qui peuvent «toucher les saintes espèces» et «les distribuer de leurs mains», tout en n'étant ni tout à fait des prêtres ni tout à fait des laïcs.

Il y a d'abord les diacres, qui sont plus près des prêtres mais n'ont pas, comme ces derniers, pouvoir d'offrir ou de consacrer. Par ailleurs, ils ne sont plus exactement des laïcs, puisqu'ils «peuvent apporter à l'autel les offrandes des fidèles et, une fois qu'elles ont été consacrées par le prêtre, les distribuer». Puis il y a les acolytes, dont on prend soin de dire d'abord qu'ils sont des laïcs, «ni prêtres ni diacres», mais auxquels on a confié un «ministère» qui ne semble pas relever de leur état laïcal. Le pape indique cependant la direction à emprunter, il prend la peine d'indiquer de quel côté on doit les tirer: ils sont d'autant plus aptes à distribuer la communion qu'ils sont «destinés» (remarquons en passant qu'ils ne se destinent pas eux-mêmes...) «à une future ordination».

Ce flou qui nimbe l'intervention des diacres et des acolytes dans les célébrations eucharistiques n'est pas sans rapport, on l'aura compris, avec l'imprécision de leur statut dans l'organisation de l'Église. Ne parlons pas des acolytes: rares sont les chrétiens qui connaissent seulement l'acception cultuelle du mot, et, plus important encore, l'immense majorité ne sait probablement même pas qu'il y a des acolytes dans l'Église! Vatican II, par ailleurs, a voulu ressusciter le diaconat. Mais la vie concrète des paroisses et des diocèses ne sait pas trop où insérer ce nouvel élément structurel revalorisé d'en haut. Dès lors, comment se surprendre du fait que, là où il y a des diacres ordonnés, ceux-ci sont constamment obligés de lutter contre des poussées cléricalisantes? Leurs comportements, leur langage et même leurs façons de se vêtir montrent que certains ont déjà cédé. Mais combien d'autres, plus nombreux sans doute, craignent d'être happés aux fins d'une sacramentalisation restrictive, dont ils voient bien qu'elle a de minces rapports avec l'histoire, et qui les séparerait des laïcs, de leur existence dans le monde et de leur travail humain.

3.   Au départ de tout, il y a les prêtres. Le pape leur confie, sur l'Eucharistie, «une responsabilité primordiale *parce que totale*». Voilà qui a au moins le mérite d'être clair! Et de faire appel, comme justification de ce pouvoir total, au rite de l'imposition des mains. Bien sûr, ce rite «n'est pas primitif». Qu'à cela ne tienne: il sert quand même à affirmer «une grâce et une force particulières de l'Esprit Saint» qui, consacrant les mains des prêtres, les relie directement à Dieu et permet donc aux prêtres, en retour, de se servir de Dieu pour justifier le totalitarisme de leur pouvoir. En effet, Dieu lui-même, dans l'Esprit Saint, garantit le contrôle absolu des prêtres sur la fabrication de l'Eucharistie, depuis l'offrande du pain et du vin, en passant par la consécration, et jusqu'à la distribution de la communion. Les prêtres ont entière mainmise sur la fabrication de la Messe, ce «signe sensible» qui, ensuite, «produira la grâce» chez les laïcs. Tel est le «privilège des personnes ordonnées», telle est la mesure de leur responsabilité. Le seul problème, c'est qu'*il ne reste rien pour les laïcs*.

Et voilà comment s'organisent, dans la célébration des messes, des relations ecclésiales où le clergé contrôle tout, tandis que les laïcs n'ont aucun pouvoir ni aucune responsabilité. Jean-

Paul II vient de redire, à sa manière, que le laïcat *ne se définit que par la négative* et n'est ecclésialement rien.

3. Pour redonner aux laïcs leur responsabilité

Les chrétiens entretiennent une conception magique de la Messe parce qu'ils la reçoivent comme un *signe* entièrement défini hors de leur liberté, ailleurs et en haut. Tout comme, dans le monde des choses, l'automobiliste rencontre des signes de circulation qu'il n'a pas fabriqués et que d'autres ont plantés. Mais n'a-t-on pas oublié, justement, que l'économie de la grâce n'est pas réductible à la platitude des choses? Et comment l'Eucharistie proférera-t-elle une parole de foi qui soit humainement crédible et libératrice, si elle est efficace dans la seule mesure où personnes et communautés acceptent de quitter leur liberté et de s'y soumettre passivement? Voilà qui dit déjà la nécessité de repenser la place des laïcs dans la célébration de la Messe comme des autres sacrements. Plus précisément: ont-ils à intervenir dans la fabrication même de l'Eucharistie, et leur liberté est-elle, de quelque manière, responsable de son efficacité?

Redevenir le sujet des célébrations eucharistiques

Sans ses «racines humaines, le sacrement risque toujours d'être une plante 'posée' sur la vie de tous les jours[7]». Pour que l'Eucharistie ne soit pas vécue, par les laïcs, comme l'intrusion dans leurs existences d'un signe qui vient se poser sur leur vie, réalité extrinsèque, hétérogène et aliénante, ils sont appelés à retrouver ses racines humaines. Les pages précédentes invitent à aller encore plus loin: tous et toutes doivent réapprendre que la célébration eucharistique, radicalement (*radicaliter:* dans ses racines mêmes, dans ses racines christologiques), *exige l'intervention de leur liberté humaine.* L'automobiliste n'a pas d'autre choix que d'obéir à la signalisation routière, sinon il paiera

7. HENRI DENIS, *Les sacrements ont-ils un avenir?*, Paris, Cerf, 1971, p. 82.

le prix de sa désobéissance. Mais ce type d'accueil est bien pauvre pour dire l'efficacité des sacrements, car il fait retomber inévitablement dans la médiation chosiste et condamne les laïcs à n'être rien. Pour cesser d'être des laïcs, chrétiens et chrétiennes doivent donc redécouvrir que l'Eucharistie n'existe pas, pour eux, s'ils ne prennent pas la responsabilité (toujours historique) de la faire exister. La réflexion contemporaine qui promet de sortir enfin l'Eucharistie du monde aliénant de la magie, c'est celle qui, empruntant par exemple les voies de l'activité symbolique, restitue aux personnes et aux communautés leur statut de *sujet actif* de la célébration eucharistique. Sacrement de la Pâque de Jésus Christ, un des *passages* historiques que doit vivre aujourd'hui l'Église si elle veut sacramentaliser le grand Passage, c'est celui de personnes et de communautés qui quitteront leur passivité face aux sacrements pour en redevenir le sujet actif.

Est-ce à dire que les clercs perdent toute place à la Messe? Une chose est certaine: ils la perdront s'ils ne cessent pas, justement, d'être et de se comporter comme des clercs, s'ils bloquent le passage que je viens de dire, et refusent de devenir de vrais serviteurs de la responsabilité des personnes et communautés célébrantes. Dans les faits, d'ailleurs, ils ont déjà perdu leur ancienne place là où certaines personnes et communautés ont commencé de quitter les schèmes de la mentalité magique. Une autre logique ecclésiologique a été instaurée, qui transforme l'organisation de la vie. Selon cette logique nouvelle, personne ne peut plus accueillir les définisseurs du signe, ses médiateurs et ses contrôleurs, puisque sont refusés le «signe» lui-même[8], le sacrement comme signe, ses relations avec l'existence et la passivité dans laquelle il est en train d'étouffer la vie et ses genèses. Le signe comme médiation chosiste a beau se réclamer d'un «agir de Dieu» pour s'absolutiser, et les prêtres-médiateurs ont beau arc-bouter leur pouvoir sur une prétendue volonté divine. Rien n'y fait, car Jésus Christ sauve de ces totalitarismes du signe et de ses médiateurs quand il remet le salut entre les mains des croyantes et des

---

8. J'utilise les guillemets pour rappeler qu'il s'agit du signe tel que compris dans la logique analysée, c'est-à-dire dans un sens de causalité physique, qui chosifie et objective.

croyants, lorsqu'il le confie à leur liberté-en-acte et à leur décision.

Mais il faut fonder un peu mieux ce bouleversement des perspectives, au moins suggérer en quoi tous et toutes, au nom même de leur foi, doivent se porter responsables de l'Eucharistie et de tous les sacrements. Les trois points suivants ouvrent des voies à ce travail d'explicitation.

Pleinement responsables de l'Eucharistie

En confessant la plénitude de leur sacerdoce baptismal, tous et toutes confessent en même temps la mesure, proprement sans mesures, de la responsabilité que Jésus Christ confie à leurs existences dans l'histoire.

Tout cela, bien sûr, est justement de l'ordre de la confession, renvoie à l'indicible de la foi, et ne peut donc s'exprimer en termes humainement clairs: le sacerdoce baptismal, s'il est *plénitude,* échappera toujours aux entreprises qui tentent, pourrait-on dire, de le «contenir». On en parlera donc comme d'une utopie. Mais il est encore plus juste de référer ici à l'espérance chrétienne, pour dire le réalisme de cette utopie, la rencontre historique toujours possible du salut avec les limites, et même avec le péché. Force de l'espérance: elle fait jaillir des sources trop profondes pour jamais mourir quand meurent les espoirs que l'intelligence et la volonté avaient définis. Mais pauvreté aussi, fragilité qui la rend facilement récupérable. Et un visage de sa fragilité, c'est qu'un type de compréhension de la Messe l'a justement récupérée: cette compréhension prétend avoir soustrait l'existence espérante à l'indicible, puisqu'elle présente la Messe comme une parole humainement claire (un «*signe sensible*») qui «produit la grâce», et fait donc exister immédiatement le salut dans la liberté humaine.

«Je ne suis plus un chrétien pratiquant», disent souvent les gens qui n'assistent plus à la Messe dominicale, tant on a fait en sorte que la Messe récupère toute la pratique de l'existence chrétienne. Mais pourquoi le culte chrétien est-il allé se réfugier à l'église, et particulièrement à la messe qu'on y célèbre? Et pourquoi, en même temps que cet exode cultuel, l'espérance de la liberté chrétienne a-t-elle cessé de se traduire en projets historiques de libération? Les contraires sont du même genre. Quand les personnes et les communautés démissionnent de leur pleine responsabilité dans la célébration eucharistique, quand ils se reposent sur la Messe comme sur un signe sensible qui, pour ainsi dire à leur place, va produire la grâce, ils déplacent le vrai lieu du culte chrétien qui est l'histoire des personnes et des collectivités, et, ayant perdu leur *pleine* responsabilité redonnée en Jésus Christ, ils cessent en même temps de se faire responsables de l'humanité.

Chrétiennes et chrétiens ne redécouvriront cependant pas la pleine mesure de leur responsabilité de l'Eucharistie, sans retrouver aussi leur responsabilité face à ceux qui définissaient la totalité de la célébration de la Messe. Prêtres et évêques, sans exclure le pape, devraient s'attendre au moins à cela, quand ils ont la générosité, aux intentions d'ailleurs fort justes, de remettre l'Église à la responsabilité de tous et de toutes. Dans le processus même où les laïcs vont prendre cette responsabilité et cesser d'être des laïcs, ils vont forcer les prêtres, les évêques et le pape à cesser d'être et de se comporter comme des clercs. D'ailleurs, cela se vit déjà, en des expériences il est vrai petites et fragiles. Mais ces expériences, malgré leur fragilité, sont déjà en train d'illustrer le défi incontournable auquel doivent consentir tous ceux et celles qui ont souci de convertir l'état présent des relations clercs/laïcs.

Histoire et Eucharistie

Les chrétiens sont donc invités à libérer le culte chrétien d'une compréhension de la Messe qui le tient prisonnier. Mais en vertu de quoi sommes-nous tenus de répondre à cette invitation et, surtout, quelle direction prendre pour que la vie et la réflexion convertissent les visions coutumières de la Messe? Il faut ici s'interroger sur les conditions de possibilité d'un culte qui soit vraiment chrétien, et donc sur les rapports que l'Eucharistie entretient avec ce culte.

Point ne suffit de confesser une responsabilité totale des croyants, si on laisse entendre, par là, que cette responsabilité joue comme dans le vide, dans un monde autonome (serait-ce le monde de « la foi ») qui ne serait pas assujetti aux contraintes d'une existence dans l'histoire. La participation au mystère de Jésus Christ baptise les personnes et les communautés dans la Pâque, dans le Passage, et le culte chrétien n'est pas vécu ailleurs que dans les passages historiques, personnels et collectifs, auxquels invitent les urgences du présent et les particularités des lieux que nous habitons et qui nous habitent. Pour que l'histoire soit histoire d'un culte vraiment chrétien, la liberté croyante doit répondre à un double impératif. Elle a d'abord mission de libérer Jésus Christ. Non pas en allant vers le monde pour y appliquer un petit catéchisme, des règles prédéfinies, un code qui pré-contiendrait la vérité de ce monde. Mais plutôt par la dynamique de sa propre espérance, en servant à *ouvrir* le monde à la mesure du don de salut qui lui est offert, un don qui lui rappelle à quel point il n'a lui-même sens historique que lorsqu'il est *processus de libération et genèse de liberté*. D'où le second impératif: il n'y a tout simplement pas de culte chrétien, là où individus et collectivités ne sont pas *en train de travailler* à une libération *historique* du monde. Sommes-nous chrétiens si, croyant la filiation divine et une fraternité universelle, nous ne travaillons pas à libérer les situations concrètes où ne sont pas reconnues, où sont même parfois niées, la dignité et la responsabilité de tous et de toutes, leur vocation de fils/filles de Dieu et de frères/sœurs universels? Autant dire que le culte, pour être chrétien, doit d'abord reconnaître le monde, ses limites et même son péché, comme une de ses *conditions de possibilité,* c'est-à-dire ce sans quoi le culte n'est même pas chrétiennement possible.

Mais peut-on croire cela tout en conservant les rapports coutumiers à la Messe et, en particulier, sans la guérir de son anhistoricité? Celle-ci est doublement néfaste. Elle préserve la Messe de toute contagion en la soustrayant aux risques que le monde (limites et péché compris) lui ferait courir, mais c'est au prix d'une chute dans la non-pertinence et l'insignifiance historiques. D'autre part, ce maintien de la Messe dans la superbe de son isolement, interdit que soit vécu, dit et célébré le sens eucharistique du monde lui-même. Les laïcs sont donc conduits à subvertir leurs relations à la Messe, dès le moment où ils voient que le culte qui plaît au Dieu de Jésus Christ, c'est toute vie qui est genèse-de-liberté. La Messe n'est pas condamnée à la disparition du seul fait qu'on refuse de la considérer à la manière des choses, et son efficacité n'est pas niée parce qu'on s'est interdit de la vivre selon la dynamique de la causalité physique. Au contraire, personnes et communautés la redécouvriront sans doute pour ce qu'elle n'aurait jamais dû cesser d'être: une Eucharistie, la célébration sacramentelle de *toute* la vie, de tout ce que Jésus Christ donne à vivre lorsque, habitant pleinement leur monde, tous et toutes travaillent à sa totale libération. La Messe redevient signifiante, elle refait sens et refait du sens, quand les croyants lui retirent son monopole sur le culte au bénéfice du seul lieu qui soit digne du culte chrétien: le monde et son histoire.

Semblable subversion de leurs rapports au culte et à l'Eucharistie entraînc inévitablement les laïcs à subvertir aussi leurs relations au clergé. Pour dire clairement les choses: dès qu'ils apprennent à être le sujet de l'Eucharistie, ils sont déjà entrés dans un processus où ils cessent d'être des laïcs, cultuellement définis par la négative. Redevenus agents du vrai culte chrétien dans le monde, comment pourraient-ils se contenter d'«être agis» par la Messe et ceux qui la contrôlent? Ils se sont réconciliés avec l'histoire humaine comme lieu du culte, ils se redécouvrent eux-mêmes comme responsables de la célébration eucharistique, et font donc éclater la vieille structure de leurs rapports au clergé. Prêtres et évêques vivent souvent cette nouvelle appropriation des laïcs comme une spoliation de leur être propre. Mais peut-être (et sans doute) la désappropriation constitue-t-elle pour eux une chance: seuls des laïcs... qui ont cessé d'être des laïcs, des communautés qui se sont enfin débarrassées des clercs, pourront aider les prêtres, les évêques et le pape à se délivrer eux-mêmes de structures cléricales qui sont encore en train d'étouffer leurs existences.

Eucharistie et décision humaine des croyants

La passivité des laïcs à la Messe trouve justification dans un présupposé que la foi chrétienne condamne. En parlant de la médiation de Jésus Christ et des rapports nouveaux qu'elle permet entre Dieu et l'histoire humaine, le sort du salut fut en effet confié à la liberté-en-acte des croyants, à leurs capacité et responsabilité humaines de *décision*. La confession de Jésus Christ ne va donc pas sans un double refus concernant la Messe. Celle-ci n'est pas l'exercice libre de toute contrainte, délesté de l'histoire, auquel on invite quand on la place au-dessus du monde de la liberté humaine. Par ailleurs, comment accepter que l'agir de la foi soit obligé d'aller à la rencontre d'un monde bouché, imperméable à tout pari de foi en faveur du Dieu de Jésus Christ, et donc tout à fait réfractaire au sens de salut que célèbre l'Eucharistie? Pour contrer ces deux façons de paralyser l'existence historique des personnes et des communautés, il n'y a pas d'autre voie que celle qui remet le culte, et donc sa célébration à l'Eucharistie, à la *décision humaine* des baptisés, leur décision tant personnelle que communautaire.

Voilà bien l'instance première et dernière qui peut convertir les rapports présents des laïcs à la Messe. La Pâque de Jésus Christ redonne tellement leur liberté humaine aux croyantes et aux croyants, que le culte qui est agréable au Dieu de Jésus Christ se vit désormais dans les décisions historiques, jamais claires et toujours ambiguës, qui tentent de changer quelque chose à l'état présent du monde. Est-ce que la Messe «produit la grâce»? Une chose est certaine: la réponse chrétienne à cette question continuera d'échapper à ceux et celles qui se contentent de recevoir passivement la communion. Le pain et le vin ne livrent pas magiquement le corps et le sang de Jésus Christ, la liberté qui est assurée dans le corps donné et le sang versé. Il est au contraire nécessaire, toujours mais surtout aux nombreux moments où croire ne va pas de soi, que tous et toutes interviennent pour *décider*[9] de lire le pain et le vin comme sacrement de la Pâque.

---

9. S'il est vrai que la foi, la charité et l'espérance chrétiennes n'annulent pas la responsabilité humaine de décider du sens de nos vies, ne faut-il pas par-

La médiation chosiste conduit à vivre la Messe comme un acte proprement magique. Mais chaque fois qu'il en est ainsi, ce sont les clercs qui sont forcés (ou qui se forcent eux-mêmes) à vivre et à se comporter comme des magiciens, des hommes qui font venir Dieu sans que la liberté personnelle et communautaire des laïcs soit partie prenante de cette venue. Bien évidemment, la dignité baptismale retrouvée, et le seul fait de redonner à la décision de tous et de toutes sa responsabilité sur l'Eucharistie, fait éclater la structure actuelle des relations clercs/laïcs. Elle interdit en effet de vivre et de penser des rapports historiques où les clercs ont le contrôle du culte et sont tout dans la célébration eucharistique, au-dessus de laïcs qui se contentent d'assister et de recevoir. Sujet de l'Eucharistie parce que sujet historique, dans leur décision, du nouveau culte inauguré dans la Pâque de Jésus Christ, personnes et communautés apprennent que la consommation eucharistique de la vie ecclésiale est aussi consommation sacramentelle de leur être-Église et de leur totale responsabilité sur la vie de l'Église.

ler d'une *soumission* du sacrement à la décision des croyantes et des croyants? « Pour éviter le 'sacramentalisme', écrit R. Didier, il faudra d'abord montrer que le sacrement est soumis à la foi, à la charité et à l'espérance. Alors seulement nous pourrons affirmer qu'il leur est *nécessaire* » (*op. cit.,* p. 110). Je ne nie donc pas l'efficacité propre des sacrements. Je dis seulement que cette efficacité, pour être chrétienne, exige d'une manière ou d'une autre l'intervention de la décision humaine des croyants et des croyantes. Une fois cette exigence rencontrée, on redécouvre à quel point l'Eucharistie et les autres sacrements sont en effet *nécessaires* à l'existence de foi, de charité et d'espérance.

Chapitre sixième

L'ÉGLISE

D'une Église cléricale à une Église de la communion?

Dieu, par *le Christ,* donne aux *prêtres* un pouvoir sur la *Messe.* Voilà les quatre premiers pôles que, dans le premier chapitre, je présentais pour décrire la mentalité religieuse contemporaine. L'énoncé se poursuivait alors par l'affirmation suivante: à la Messe, l'Église réalise pleinement sa nature de sacrement du salut chrétien. Nous voici donc parvenus au cinquième élément du paysage religieux des chrétiens d'aujourd'hui, *l'Église.*

Je pourrais adopter, pour ce chapitre-ci, le même procédé que dans les chapitres précédents. Il s'agirait d'abord de voir comment les éléments du haut (Dieu, Christ, prêtres et Messe) *définissent* l'Église, sont les sujets qui disent sa vérité, et comment, pour qu'elle agisse elle-même dans le monde, il faut une intervention directe de ces éléments. D'autre part, il serait également nécessaire de regarder ses relations avec le bas, avec le monde. Ce deuxième regard ferait alors ressortir à quel point l'Église, élevée directement par le haut au statut de sujet actif, a considéré et considère encore le monde comme un objet passif, dont la vérité est tellement *définie* par elle qu'il n'a pas d'autre choix que de recourir à elle pour en recevoir son sens de salut et, plus encore, son sens humain tout court.

Toutefois, j'emprunterai un autre chemin pour parler de nos conceptions générales de l'Église. Deux justifications m'y autorisent. En premier lieu, quatre chapitres ont sûrement suffi pour illustrer la méthode jusqu'à maintenant mise en œuvre, indiquer le sens d'une démarche que chacun et chacune peut poursuivre, suggérer même le contenu éventuel que livrerait cette analyse. Par ailleurs, j'espère que les chapitres précédents ont suffisamment dit l'importance du *passage,* en foi chrétienne, pour me justifier d'aborder l'Église sous cet angle. Parce que la Pâque-Passage de Jésus Christ constitue l'acte médiateur dans lequel nous sommes baptisés, l'anthropologie n'est chrétienne que si elle tente de rendre compte de la vocation chrétienne au passage, au nomadisme. La logique contraint donc de conclure: si l'Église est sacrement d'un tel Médiateur, si elle existe dans l'histoire par et pour des êtres consacrés au passage, *elle n'a pas d'autre façon de sacramentaliser le salut que dans et par les passages historiques qu'elle-même est constamment appelée à vivre.* Voilà comment j'aimerais aborder les questions de vie et de structures ecclésiales.

Mais plutôt que de discourir théoriquement sur l'Église et ses passages, plutôt que de dire ce que devrait idéalement être une Église «du passage», je veux regarder ce qui est et, fidèle aux perspectives assumées depuis le début, m'interroger sur l'état présent des choses.

Dans cet état présent des choses, je constate d'abord qu'une foule de personnes (laïcs autant que clercs) ne pensent même pas que l'Église soit invitée à quelque passage historique que ce soit. Pour elles, les choses sont donc claires et ce que je vais dire est chrétiennement insensé. Mes questions devraient donc n'intéresser que les personnes et communautés qui lisent en Jésus Christ l'appel à un nécessaire passage. Ce que je rencontre alors, concernant l'Église, se formule très généralement de la façon suivante: L'Église doit aujourd'hui passer *de l'uniformité d'une Église clérico-pyramidale à une Église de la communion.*

Voilà pourquoi j'approcherai le mystère de l'Église en parlant de son *unité.* À quoi renvoie ce terme de l'«unité»? Dans son sens général, l'unité dit seulement le «caractère de ce qui est un, *dans l'une quelconque de ses acceptions*[1]». Tout ce que le mot «unité» veut dire, c'est qu'une réalité est justement *une*. Mais les mots en italiques soulignent un point capital: en soi, l'unité est *indifférenciée,* elle ne rend donc pas compte des différences qui font qu'il y a plusieurs formes d'unité. Elle désigne tout autant, par exemple, l'unité d'une chaise, d'un couple marié, d'une dictature ou d'une démocratie, etc. Chacune de ces réalités est «une», mais on conviendra aisément que toutes ne se comprennent pas selon un même mode d'unité. D'où l'importance, lorsqu'il s'agit de l'unité *ecclésiale,* de la qualifier chrétiennement. C'est à cette tâche de clarification que je veux (un peu) m'attarder.

Avant donc de réfléchir sur l'avenir du laïcat dans une Église du passage, avant même de dégager la structure des rapports clercs/laïcs impliquée dans notre compréhension contemporaine du passage ecclésial, c'est sur celui-ci que je m'interroge, sur le passage que l'unité ecclésiale est invitée à vivre, tel qu'on le perçoit communément aujourd'hui. Plus précisément, la question que je porte est la suivante: est-ce bien *de* l'uniformité *à* la communion qu'il faut aujourd'hui passer? On le voit, c'est encore une fois la question qui m'intéresse, ou le mode, qui tend à se généraliser, selon lequel on est porté à présenter le passage.

1. Passer de l'uniformité du cléricalisme à la communion?

À gauche et à droite, à peu près partout où je rencontre des gens et des communautés pour lesquels il apparaît clair que l'Église est aujourd'hui acculée à vivre un passage fondamental, le point de départ semble clair: l'Église doit quitter son organisation pyramidale. Cela veut dire, plus concrètement encore, se débarrasser une fois pour toutes d'un cléricalisme qui confond *unité* et *uniformité.* Le point d'arrivée semble aussi évident, en ce qu'il faut parvenir enfin à une Église de la *communion.* Toutefois, les choses sont-elles vraiment aussi claires, les termes du passage aussi évidents?

---

1. LALANDE, *Vocabulaire technique et critique de la philosophie,* PUF, 10e éd., 1968, p. 1160.

Une chose, au minimum, se laisse deviner: il ne suffit pas d'*identifier* dans une clarté parfaite *cela* que l'Église doit quitter (ici: le cléricalisme et ses propensions à tout uniformiser) et *cela* à quoi elle doit parvenir (ici: la communion). En effet, une vue aussi primaire du passage donne à entendre qu'un jour l'Église pourra enfin se reposer, cesser de passer, une fois qu'elle aura quitté pour de bon le point de départ et pour toujours atteint le point d'arrivée, lorsque sera mort le cléricalisme et finalement vécue la communion. Qui ne voit l'impasse où conduit cette vue rapide des choses? Le passage étant effectué, enfin accompli, que restera-t-il à l'Église pour la remettre en route et lui rappeler sa *nature* de nomade? Aura-t-elle alors cessé de devoir sacramentaliser, par ses propres passages, le grand Passage de la Pâque? Satisfaite et repue, parvenue, n'ayant plus à répondre aux appels d'aucun autre ailleurs, le mouvement et la marche ne seraient plus partie intégrante de sa définition.

Autant dire clairement ce que je pense: il y a des façons proprement idéologiques de penser tant l'uniformité que la communion. La notion d'idéologie étant importante dans ce chapitre, je prends d'abord le temps de préciser le sens que je lui donne ici. Avec K. Rahner, je la situerais d'abord ainsi: l'idéologie est «un système erroné, faux, incompatible avec l'interprétation correcte du réel. (...) L'idéologie se distingue cependant essentiellement de la simple erreur. Alors que celle-ci demeure en principe *ouverte,* l'idéologie, elle, implique la décision de se constituer en un système clos et se suffisant lui-même. Si l'on s'en tient à la terminologie habituelle, l'idéologie a donc ceci en propre qu'elle se ferme à l'ensemble du réel pour donner à un aspect partiel de celui-ci un coefficient d'absolu. Mais il faut compléter cette description abstraite de la nature de l'idéologie. Dès lors en effet que celle-ci revendique l'adhésion des hommes, on est sur le terrain de l'action, et l'idéologie prend une saveur pratique: elle inspire une politique, elle devient même en fin de compte le régulateur suprême de la vie générale d'une société[2]». Ce contexte permet de comprendre toute la portée de la définition de l'idéo-

---

2. «Le christianisme est-il une idéologie?», *Concilium* 6 (1965), pp. 41 et 61.

logie que Rahner emprunte ensuite à Lauth et que je fais mienne ici, pour le bénéfice de l'analyse que j'entends poursuivre: l'idéologie est «une interprétation pseudo-scientifique du réel au service d'un dessein politique (au sens large du mot) afin de le légitimer après coup[3]».

Ces précisions apportées, j'avance qu'il y a des idéologies de l'uniformité et de la communion qui entraînent des *aliénations* dans le point de départ ou le point d'arrivée, des regards en arrière et en avant qui se prétendent libérateurs mais portent déjà la mort, parce qu'ils substituent à la vie des rêves qui n'ont aucun rapport avec l'histoire. Les laïcs ne sont pas vaccinés contre l'idéologie, cela est évident. Mais comme le cléricalisme fonde son pouvoir sur un a priori qu'il contrôle lui-même, la structure de l'Église tend à transformer les clercs en idéologues. Voilà ce sur quoi je veux m'expliquer.

Quitter l'uniformité du cléricalisme?

À propos de ce que j'appellerais l'aliénation dans le point de départ (ou *l'idéologie de l'uniformité*) l'analyse, me semble-t-il, doit discerner *trois façons* de considérer l'uniformité, trois idéologies qui bloquent le passage, l'interdisent a priori. Il est donc important, capital même, de regarder attentivement chacune de ces trois formes, même si, ultimement, les trois pèchent par un vice qui leur est commun.

1. La première idéologie consiste à penser et à dire (mais surtout à agir en conséquence): *L'uniformité du cléricalisme est une* «*chose du passé*».

On prétend ici que l'Église a déjà laissé derrière elle l'uniformité et l'oppression que celle-ci infligeait à la vie. Une foule d'illustrations disent l'actualité de cette vision. Pour beaucoup, par exemple, Vatican II a fait un grand ménage là-dedans. Grâce à ses propositions sur la communion, grâce surtout aux initiatives pastorales que le concile a suscitées, l'uniformité n'est plus désor-

---

3. *Ibidem,* p. 42.

mais possible[4]. Pourquoi le synode extraordinaire de 1986 (sur «l'Église vingt ans après Vatican II») a-t-il fait peur à tant de personnes et de communautés chrétiennes, sinon parce que beaucoup craignaient que soit menacé ce qu'elles avaient d'abord considéré comme un acquis *définitif*? L'uniformité, qu'on avait classée parmi les «choses du passé», redevenait soudain une menace très actuelle. Autre illustration: d'aucuns, parce qu'ils ont la chance (plus justement: la grâce) de vivre une communauté ecclésiale qui fait place aux originalités personnelles et communautaires, laissent entendre que tout est désormais réglé pour toujours et projettent, sur l'ensemble de l'Église, un jugement dont ils ne perçoivent même pas qu'il est tout à fait idéaliste. Je me souviens encore de ces chrétiens et chrétiennes qui, parce qu'ils œuvraient dans une paroisse dont le curé «laissait beaucoup d'initiative aux laïcs» (comme ils disaient), étaient incapables de vivre l'uniformité comme une menace *présente,* une menace qui propose actuellement un défi à l'Église. Ils ont grandement déchanté le jour où l'évêque a pris l'initiative de changer le curé! Qu'on songe encore aux jeunes. Combien de mes étudiants m'accusent de déterrer de bien vieux cadavres lorsque j'essaie d'intégrer, en ecclésiologie, la possibilité même de l'uniformité et de son fidèle compagnon, le cléricalisme. «Nous n'avons pas connu cela. C'était peut-être vrai pour l'Église d'il y a trente ou quarante ans, mais aujourd'hui...» Mais combien, une fois leurs études terminées et lorsqu'ils sont aux prises avec des engagements ecclésiaux concrets, me confessent (avec tristesse ou colère) leur désenchantement devant l'état réel de l'Église et de son organisation, et que

---

4. Cette sorte de naïveté fait d'autant plus craindre le retard institutionnel que l'Église est en train de prendre. À propos de la collégialité épiscopale par exemple: «... à part le concile, œcuménique ou général, l'exercice de la responsabilité collégiale au service de la communion universelle des églises est pauvre d'occasions institutionnelles, au point de paraître visiblement atrophié. Cette atrophie explique d'un côté la formulation vague ou très générique de Vatican II, mais, d'un autre côté, elle met à vue l'une des principales causes de la difficulté et de la lenteur avec lesquelles l'Église cherche à répondre aux exigences du partage de la responsabilité» (G. ALBERIGO, «Institutions exprimant la collégialité entre l'épiscopat universel et l'évêque de Rome», in *Les Églises après Vatican II. Dynamisme et prospective,* Paris, Beauchesne, 1981, p. 271).

les guette une démobilisation à la mesure de l'idéalisme des rêves irréalistes dont ils se nourrissaient et qui viennent de crever.

Je pourrais multiplier interminablement les illustrations. Celles que j'ai avancées suffisent sans doute à faire entendre ceci: c'est pure idéologie d'enfermer le cléricalisme et l'uniformité dans un moment passé, dans un moment du passé, car l'Église n'aurait plus aujourd'hui à passer, à se convertir, *faute d'un lieu à partir duquel passer.*

2.   Le refus de ce premier idéalisme contraint de conjuguer au présent le cléricalisme. La chasse à l'idéologie de l'uniformité n'en est pas pour autant terminée. Au contraire! Qui n'a pas constaté ce phénomène que, pour ma part, je ne cesse d'observer: on admet volontiers que l'Église continue d'être paralysée par l'uniformité, que le cléricalisme l'empêche d'effectuer le passage à une vraie communion, mais tant le cléricalisme que ses visées uniformisantes *sont reportés hors de soi, hors de sa personne ou de sa propre communauté ecclésiale.* Au fond, il y a bien un vice fondamental, mais c'est toujours un vice dont «les autres» sont responsables.

Telle est, selon moi, la forme la plus courante d'une idéologie maléfique. Elle est mortifère pour toute expérience d'Église, même et surtout quand elle se réclame, pour se justifier, d'un grand désir de faire exister une Église du passage. L'Église, laisse-t-on alors entendre, serait tellement plus vivante si «les autres» ne l'emprisonnaient pas dans l'uniformité!

On aura reconnu une attitude largement répandue parmi les laïcs. Ils ont tellement souffert de clercs qui, sous prétexte de volonté divine, imposaient leurs propres visées, des visées au demeurant fort «humaines»! Comment se surprendre, dès lors, que l'uniformité soit devenue pour la plupart des laïcs l'affaire des clercs, une maladie propre aux prêtres, aux évêques ou au pape? Mais les clercs ont-ils un monopole sur le vice de l'uniformité? J'ai fait, il y a quelques années, la tournée d'un diocèse qui voulait s'interroger sur l'Église. À chaque endroit, nous avons vécu une même expérience. Au début du cheminement, le cléricalisme était, pour la plupart des participants, l'affaire des vicaires, des curés ou de l'évêque. Plus la démarche progressait, plus la question se déplaçait. Je me souviens en particulier d'un homme qui, au terme de deux journées, formulait à peu près ainsi sa prise de conscience: «J'accuse volontiers de cléricalisme mon curé ou mon évêque. Mais je suis en train de réaliser à quel point je me comporte comme un clerc dans mes relations avec mes enfants et mes étudiants, en ne résistant pas suffisamment à la tentation de leur imposer ma façon de voir, et donc en voulant uniformiser leurs manières de comprendre et d'agir.»

Il va de soi que les clercs n'échappent pas pour autant à cette forme de pathologie. Nombreux sont ceux qui reportent toujours hors d'eux-mêmes le jeu maléfique de l'uniformisation. Qu'est-ce qui se joue, par exemple, sous le soupçon quasi automatique que manifestent les prêtres, les évêques et le pape, dès que des laïcs s'impliquent à fond dans une option politique? Pourquoi cette insistance, du pape en particulier, à rappeler que «telle» option n'est pas celle «de l'Église», dès que des laïcs prennent une option qui diffère de la position «officielle» de la hiérarchie? N'est-ce pas parce qu'on soupçonne automatiquement d'autoritarisme les laïcs qui s'engagent un peu sérieusement, et qu'on leur prête le dessein d'uniformiser l'Église? On donne ainsi l'impression que plus les laïcs ont des options politiques claires et précises, plus ils doivent être automatiquement soupçonnés de vouloir tout contrôler et imposer aux autres leurs options personnelles. Parallèlement, on présente alors le clergé comme garant de la «communion de foi». Parce qu'ils se sont donné la responsabilité de cette communion, les prêtres, les évêques et le pape ne sont pas tentés, eux, d'uniformiser la foi en la perdant dans «un» choix particulier (politique par exemple). Quelles illusions!

Quand on rejette l'uniformité hors de soi, c'est l'Église qui, une nouvelle fois, est bloquée dans sa vocation au passage. Comment puis-je affirmer, d'une part, que *je suis* Église et que l'Église est aujourd'hui invitée à passer de l'uniformité à la communion, quand du même souffle je reporte hors de moi l'uniformité, ce point de départ du passage ecclésial? Il faut être un peu logique avec soi-même! Ou chaque personne et chaque communauté est Église, et chacune est responsable de quitter le point de départ (l'uniformité) pour passer à la communion. Ou l'uniformité joue «dehors»: le passage et la conversion sont alors l'affaire «des autres», mais c'est aussi aux mains des autres que l'Église a été abandonnée!

3. Refusant de considérer le cléricalisme comme une chose du passé, une fois rapatriées en chacun les tendances à l'uniformisation, avons-nous suffisamment clarifié ce que l'on présente généralement comme «point de départ» du passage que l'Église doit vivre? Je crois plutôt que subsiste un troisième niveau de blocage, où joue une troisième idéologie, plus subtile peut-être que les deux premières, mais qui n'en est pas moins la plus perverse. Elle consiste à penser que *nous pourrions éventuellement être libérés, pendant le temps de l'histoire, de cela qui permet le cléricalisme, c'est-à-dire la tendance à uniformiser la vie.*

Je le dis tout net: si le cléricalisme a la vie si dure, c'est que l'uniformité répond à un profond *besoin de sécurité.* Dieu n'est pas trop inquiétant aussi longtemps qu'on le repousse là-haut, qu'on le retranche derrière une transcendance qui l'isole de nos vies. Que devient-il dès que, répondant à la logique de la foi chrétienne, on le recherche ici-bas? Quel visage prend-il, lorsque nous respectons l'invitation de Jésus Christ et regardons nos vies, nos responsabilités personnelles et collectives, comme *le* lieu de la révélation de Dieu? On pensait peut-être que c'était le monde qui était inquiétant, avec ses limites et le défi qu'il lance à nos décisions responsables. Voilà que c'est Dieu lui-même qui, en Jésus Christ, désormais inquiète. Qui est-il? Où se dit-il? Quel est son désir sur nous?

En effet, l'histoire est loin d'être le parfait reflet d'une absolue transcendance. Elle offre son lot de bonheur, les joies de l'amour, des trésors de générosité. En bref: elle fait cadeau de tout ce que, dans le bilan de nos vies, nous enregistrons spontanément dans la colonne de l'actif. Mais elle déroule aussi, obstinément, la colonne du passif. Elle rappelle des limites implacables, dit et redit qu'il y a de l'égoïsme dans le monde, et que la mort est déjà inscrite dans nos corps puisque, dès sa naissance, déjà l'être humain est assez vieux pour mourir. Qui est Dieu, quand c'est dans la mort qu'il faut partir à sa rencontre, et dans toutes ces morts anticipées que chacun et chacune doivent vivre presque quotidiennement? De toute évidence, Dieu est moins inquiétant, il rassure et calme les appréhensions, si lui, au moins lui, ne se perd pas dans nos morts. Ce n'est donc pas sans raison que, malgré ce que veut nous apprendre Jésus Christ, tous et toutes sont portés à condamner Dieu à l'exil. Perdure alors, rassurante, cette sécurité, un havre de paix où retourner quand l'histoire se fait menaçante.

Mais il est un autre champ où personnes et collectivités vivent la même dramatique, et c'est celui de l'*unité*. Tous et toutes ont probablement vécu, et vivent encore, d'intenses moments de communion. Les autres (plus précisément: tel autre, ou tel groupe) sont alors tellement proches que les relations avec eux se vivent comme en un tout sans rupture. Chacun sent un accord si profond avec ces autres qu'ils sont comme une partie de soi et que, à certains moments de grâce, même les mots deviennent inutiles. Malheureusement, il y a aussi la différence! Il y a ces autres personnes et groupes, hors du foyer de chaleur, avec lesquels les relations sont plutôt froides. Leur seule présence physique rappelle que «le tout-sans-rupture» *n'est pas tout*. Si Jésus invite à vivre aussi avec eux, il y faudra du temps et de la patience, beaucoup parler sans être sûrs de jamais s'entendre, frôler constamment le risque de la division. Bien plus: ce risque de division devient partie prenante de l'existence, quand on réalise à quel point personne n'a le droit de coloniser les autres. Mais que devient Dieu, si c'est là qu'il faut le quêter? Et quelle meilleure parade devant la menace de division, que de l'uniformiser lui-même? Il est infiniment plus rassurant, sécurisant, quand on lui prête les traits définis par un petit catéchisme ou que, mettant dans sa bouche les normes qui disent clairement ce qu'il est, ne reste plus à l'histoire que le loisir de la *conformité,* le loisir de se conformer ce qui fut défini comme étant «de Dieu». On accuse volontiers de totalitarisme les personnes ou organisations (politiques entre autres) qui nient Dieu pour mieux asseoir l'absolu de leur volonté de contrôle. Voit-on assez qu'il y a un autre totalitarisme, peut-être pire que le premier, celui qui *se sert de Dieu* pour uniformiser la vie? Voilà le fondement ultime que se donne toujours le pouvoir ecclésial des clercs. Mais on comprendra aussi que l'uniformité, au bout du compte, restera attrayante aussi longtemps que l'histoire poussera l'Église à la rencontre de la pluralité, cette poche de résistance qui lui interdit de penser sa communion sous le mode de la fusion, et de confondre ainsi *unité* et *uni-formité*.

Si tel est bien le cas, l'Église *ne sera jamais délivrée* des risques d'uniformisation et de cléricalisme. Penser le contraire, espérer seulement qu'il en soit un jour autrement, c'est sombrer dans l'aliénation, s'endormir dans un rêve. Un rêve qui distrait peut-être de la dure réalité, mais qui empêche aussi de voir que *l'unité de l'Église sera toujours à construire*. L'Église échappera-t-elle un jour aux risques d'une uniformisation des existences personnelles et collectives? En d'autres mots, aura-t-elle jamais quitté ce qu'on présente comme «le point de départ» de son passage?

Elle aura toujours à partir et à repartir, si tant est que le cléricalisme s'enracine en elle aussi profondément que j'ai tenté de le dire. Elle ne se paie donc pas le voyage vers la communion quand elle en a le loisir, aux moments de plus grand repos ou de plus grande générosité. La marche est de sa nature, et le nomadisme fait partie de sa définition. L'Église, pour tout dire, *n'existe que lorsqu'elle est en train de passer* d'un cléricalisme uniformisant à la communion et, malgré nos rêves qu'il en soit autrement, c'est toujours ainsi qu'elle existera si c'est bien de *la Pâque* de Jésus Christ qu'elle veut être sacrement.

Passer à la communion?

Voilà qui interroge singulièrement, on l'aura deviné, le terme du passage, ce qu'on tend de plus en plus à présenter comme point d'arrivée. Enfin la communion! Personnellement, j'appréhende de plus en plus certaines manières de dire et de faire, certaines propositions sur le passage à la communion qui sont, à toutes fins utiles, invitation à passer dans le vide!

Le terme «communion» traduit le mot grec *koinônia,* il dit un double contenu de la foi chrétienne: en effet, il «exprime dans le NT *les relations du chrétien avec le vrai Dieu* révélé par Jésus, et *celles des chrétiens entre eux[5]* ». La communion est donc de l'ordre de la foi, du credo chrétien. Mais l'idéologie peut autant la dénaturer qu'elle faussait le point de départ. Certaines visions, en effet, m'apparaissent tout à fait idéalistes. Elles sollicitent donc la vigilance de la réflexion: se laisser entraîner dans leur miroitement, c'est peut-être céder, très concrètement, à certains appétits de mainmise qui, pour ne plus emprunter les voies d'autrefois, n'en sont pas moins dangereux pour la vie de l'Église. Ce n'est pas un souci exagéré de symétrie qui me fait retrouver le chiffre « trois » et me pousse à parler, encore une fois, d'une triple idéologie. Les trois formes présentent une communion aliénante, une communion qui, plutôt que d'inviter l'Église au passage et à la conversion, la rend insignifiante comme réalité historique en l'empêchant d'être elle-même en marche dans l'histoire.

1.   Une première aliénation, c'est de situer l'existence de la communion *au-delà du terme de l'histoire.* Approche coutumière, malheureusement, encore généralisée selon moi, qui pousse la communion vers l'éternité, étant alors bien entendu que l'éternité est ce qui commence après la mort terminale, quand les humains échappent enfin à l'inexorable écoulement du temps[6]. Parce qu'ils sont héritiers d'une mentalité pour laquelle l'eschatologie est aussi grossièrement pensée dans ses rapports avec l'histoire, une mentalité qui reporte « la vraie vie » au-delà du dernier moment de leur temps, chrétiennes et chrétiens d'aujourd'hui n'ont évidemment pas appris à situer la communion ecclésiale *ici et maintenant.* Leur vraie patrie est ailleurs, continuent-ils de penser, pour plus tard, et elle restera pour plus tard aussi longtemps que ne sera pas close l'histoire de leur existence humaine.

Que pouvons-nous faire en attendant, sinon *attendre,* justement? En foi chrétienne, il y a (il doit y avoir) effectivement

---

5. D. Sesboué et J. Guillet, art. « communion », *Vocabulaire de théologie biblique,* Paris, Cerf, 1970, col. 189.

6. Il faudrait en effet interroger longuement la perception qu'on a généralement de l'éternité et de ses rapports avec le temps humain. Une catégorie chrétienne aussi importante que celle du *Royaume,* par exemple, subit les néfastes conséquences de ces rapports mal réfléchis.

attente. Mais c'est une attente qui est le contraire même de l'attentisme. Une attente qui croit trop un salut et une liberté toujours déjà donnés pour se complaire dans l'état présent de l'unité du genre humain et attendre, passivement, que quelque miracle guérisse notre mal de vivre. Elle se fait donc attente active, elle se traduit en un engagement pour la libération historique d'une communion qui veut rassembler les hommes et les femmes de notre monde. Notre attentisme coutumier, quant à lui, ne ressaisit plus ce qu'on appelle «les fins dernières» comme ce qui donne de l'avenir *à notre aujourd'hui,* et donc comme une réalité *présente.* Il faut, de toute urgence, que la communion de foi soit rapatriée dans le présent. C'est la condition pour que toute personne et toute communauté (de la plus petite à la plus large), loin de jamais se satisfaire de l'état présent de leur unité, se remettent constamment à la fabrication de leur cohésion ecclésiale, à la construction de l'unité de l'Église.

2. La deuxième forme d'idéologie consiste à *conjuguer au futur* l'existence historique de la communion. Bien sûr, dira-t-on ou laissera-t-on entendre, la communion est historiquement possible, et ne doit donc pas être reportée au-delà du temps. Mais devant ce que l'Église donne aujourd'hui à voir, l'existence historique de la communion est pour le futur, pour demain ou après-demain.

En effet, l'état présent de l'unité ecclésiale, quelle que soit la forme de vivre-ensemble qui est considérée, apparaît évidemment limité, rempli même d'égoïsme et de péché. Cela paraît évident quand on regarde les relations longues et la longue histoire: la grande Église est tellement tiraillée par toutes sortes de tensions, déchirée par des conflits, et son histoire offre le spectacle de tant de divisions mortelles! La communion serait là? Voilà ce que serait la famille fraternelle des fils et des filles de Dieu? En plus petit: paroisses et diocèses, aujourd'hui particulièrement, sont loin d'être des modèles d'une fusion sans rupture. Même les communautés les plus restreintes vivent constamment dans la crainte d'une division possible. L'expérience ecclésiale la plus difficile que j'aie jamais vécue, sous ce rapport, est celle d'une toute petite communauté: les rencontres hebdomadaires, en effet, aiguisent notre conscience du fait que même la foi et nos paroles de croyants ne sont jamais identiquement les mêmes. Constatant cette omniprésence des limites, et l'égoïsme qui parfois fait virer la pluralité en division, comment continuer de conjuguer au présent l'existence de la communion? La solution facile, c'est d'aller se noyer dans le futur: la communion existera *le jour où,* grâce à des efforts soutenus et une purification incessante, la cohésion de l'Église reflètera parfaitement la grande famille méritée dans la Pâque de Jésus Christ. Autant dire que l'Église sera sacrement de son Seigneur *une fois* qu'elle se sera débarrassée de ses limites, et de tout ce poids de péché qui traîne en elle.

Mais une triple critique doit se lever à l'encontre de ce report constant. La première concerne justement la constance du report. Si la foi chrétienne confesse le mariage de Dieu avec l'histoire, et dans la mesure où cette histoire ne s'écrit pas autrement qu'avec des mots limités, et même des mots de péché, *toujours* l'existence historique de la communion sera reportée à plus tard. Pourquoi, dès lors, continuer de confesser l'Église comme sacrement de la communion chrétienne? Pourquoi prendre sur soi la responsabilité de la vie ecclésiale? Étant toujours pour demain ou après-demain, l'Église devient plutôt le sacrement d'une frustration indéfinie. Renaît sous un nouveau visage une dynamique déjà rencontrée: pensons-nous nous être rapprochés de la communion par la victoire sur certaines limites, que déjà d'autres se présentent et reportent à plus tard l'existence de la vraie vie ecclésiale. La deuxième critique dit mieux l'aliénation que l'Église alors nourrit. Une telle Église, en effet, n'est pas *pour-nous* et ne pourra jamais l'être pendant le temps de l'histoire. Personnes et collectivités n'*ont* pas des limites dont elles pourraient rêver être un jour délivrées. Elles *sont* limites, et le resteront aussi longtemps que l'espace-temps sera leur habitat naturel. Voilà l'aliénation à laquelle condamne logiquement le report dans le futur de la communion ecclésiale: l'Église existera comme sacrement de Jésus Christ, elle existera pour nous, le jour où, justement, elle ne sera plus nécessaire... parce que nous ne serons plus! En attendant, chrétiennes et chrétiens s'épuisent dans la poursuite d'un rêve aliénant. Celui-ci distrait peut-être de la dureté du présent, mais il sert aussi d'alibi commode pour nos absences de l'histoire et des luttes qui la fabriquent. Pire encore, peut-être, une telle Église ne peut pas être *pour nous*. Cette troisième critique dit une autre facette de l'aliénation dans le futur. Comment croire que toutes les personnes et toutes les communautés sont *le sujet* de l'Église, quand on constate les limites de chacune et que, malgré toutes les bonnes volontés imaginables, aucune ne peut espérer être un jour le modèle parfait de la communion chrétienne? On devine la porte toute grande qui vient de s'ouvrir: pendant ce temps, alors que chacun court après l'inatteignable, le champ est libre pour toutes sortes d'appropriation et certains ont vite fait de refermer la main sur ce qui échappe sans cesse aux autres. Voilà où vient se glisser sournoisement le cléricalisme, dans cet espace du présent que le futur a vidé, ce terrain laissé vacant par tous ceux et celles qui ont confondu espérance chrétienne et espoirs humains.

3. L'Église, dit-on, doit passer d'un cléricalisme uniformisant à la plénitude de la communion. Mais où situer sa communion, si elle ne peut être reportée au-delà de l'histoire ou après les moments que nous sommes toujours en train de vivre? Force est bien de la conjuguer *au présent*. Là encore, cependant, l'idéologie guette. Pour ma part, je la retrouve sous beaucoup de discours ecclésiologiques tout à fait idéalistes, des propositions pastorales qui ne sont ni incarnées ni incarnables, des spiritualités qui ont tous les mérites sauf celui d'aider à vivre l'histoire. Cette troisième idéologie nourrit des prétentions aussi frustrantes qu'impossibles: elle propose que *le présent est capable de fournir une transcription parfaitement adéquate de la communion de foi*.

On retrouve ici, en fait, la soif humaine d'*immédiateté*. Cette soif qui entretient ce que j'appellerais des compréhensions «thaumaturgiques» de la vie. En politique, par exemple, comment militer dans un parti sans le considérer comme le remède absolu, qui guérira tout, tout de suite et pour toujours? Comment pratiquer une science nouvelle (on l'a vu à propos de la psychologie et, plus récemment, de la biologie) sans en faire la panacée rêvée depuis si longtemps? Pour référer à des expériences plus immédiates: comment «tomber en amour», et croire que cette «chute» n'est pas, d'elle-même, la garantie d'une éternité de l'amour? En bref notre monde, dont on vante parfois la froide sagesse de son objectivité, ne cesse de ressusciter le merveilleux et le miraculeux. Mais n'est-ce pas répondre aux mêmes fantasmes que de lire l'Église (ou d'inviter à une telle lecture) comme révélation immédiate de la communion de salut? En elle, aujourd'hui, s'imposeraient comme une évidence la filiation divine et la fraternité universelle, une communion qui, comme du delà des différences et de la pluralité (quitte, au besoin, à les faire taire d'autorité), rassemblerait la famille de Dieu.

Cette illusion se perpétue à une condition. À la condition de fuir l'histoire vraie pour aller s'enfermer dans la sécurité d'un espace clos, où les limites et l'égoïsme seront absents et auront cessé de rappeler qu'il est difficile de vivre. Ce troisième refus de l'idéologie révèle ainsi un enjeu tout à fait fondamental, peut-être la seule question qui importe vraiment, la question de la mort. Succombant aux appétits d'immédiateté, la troisième forme d'idéalisme fait entrer dans un univers qui calme au moins momentanément notre peur de vivre, cette peur qui est aussi bien, et indissolublement, une peur de mourir. Les différences et la pluralité promettent à l'Église une certaine mort, une mort certaine, puisqu'elles interdisent qu'on confonde communion et uniformité. La communion peut-elle être jamais étouffée dans le corset d'*une* forme particulière, *une* théologie par exemple, ou *une* initiative pastorale, ou *un* discours moral? À cause des épousailles en Jésus Christ de Dieu et de l'histoire, où rechercher la communion ecclésiale ailleurs que dans la vie vécue, qui semble éparpiller l'Église en mille directions, où personnes et communautés traduisent et trahissent à la fois l'Église qu'elles croient?

« *Quand le cœur est mal à l'aise, nous le soutenons avec des rites* », disait Confucius[7]. Nous soutenons nos cœurs malades avec une Messe devenue chose, comme tentait de le dire le chapitre précédent; ou, plus largement, avec des sacrements exsangues, réduits à une ritualité qui n'a plus rien à voir avec la vie.

---

7. JEAN DUCHÉ, *Le bouclier d'Athéna. L'occident, son histoire et son destin,* Paris, Robert Laffont, 1983, p. 168.

En fait, c'est toute la chaîne des éléments du schéma qu'il faudrait ici remonter, pour voir comment les habitudes de chacun, fascinées par l'immédiat, pensent esquiver la mort: la magie des sacrements, bien sûr, mais aussi une vision des prêtres qui permet enfin à Dieu de se dire en des êtres humains, et une christologie pour laquelle le salut nous parvient aussi sûrement que l'eau, grâce au tuyau, passe du réservoir au robinet, et enfin le Dieu-thaumaturge, qui intervient directement dans l'histoire sans que nos libertés soient, de quelque manière, partie prenante de son intervention.

En bref la réflexion, parvenue à ce point de son parcours, réalise comment toutes les conceptions idéologiques de la communion, la troisième autant que les deux premières, refusent un seul défi: celui de rechercher la communioin *dans les médiations historiques* que nous lui donnons et où nous lui donnons d'exister; plus concrètement encore: dans les communautés que nous fabriquons, pauvres et limitées, toujours tentées de pécher par uniformisation. Pas ailleurs! Ni après le temps de l'histoire, ni devant aujourd'hui, ni au-dessus du présent que nos communautés donnent à la communion.

2. Aux clercs l'unité ecclésiale, aux laïcs la pluralité

Pourquoi avoir mené cette triple incursion, tant du côté de l'uniformité que du côté de la communion? Pour une raison que je pense littéralement vitale, de l'ordre de la vie. Toutes ces idéologies aboutissent finalement au même résultat, puisque chacune *condamne au statisme* l'unité concrète de l'Église. Elles promettent la paix, la sécurité, mais c'est la paix du tombeau, une paix qui est le contraire même de celle promise en Jésus Christ, ce glaive qui vient séparer la mère de son fils et le frère de sa sœur. « Ne croyez pas que je sois venu apporter la paix sur la terre... » L'uniformité et les modes spontanés de considérer la communion interdisent un véritable *passage* de l'Église. Mais le niveau de questionnement auquel la critique aboutit ne permet-il pas de conclure que le passage est *essentiel* à l'Église, qu'il est de sa *nature*? De sorte que *l'Église n'existe tout simplement pas lorsqu'elle n'est pas en train de passer.* On redit la même chose en affirmant ceci: *l'unité* de l'Église est essentiellement *genèse d'unité.* La communion existe là où des croyants la traduisent en communication et sont en train de «fabriquer de la communauté».

Mais pourquoi, au bout du compte, le statisme qui afflige nos compréhensions de l'unité ecclésiale? Pourquoi le mouvement a-t-il cessé de définir le type de cohésion qui devrait être propre à une Église qui se réclame de la Pâque et se présente comme sacrement de cette même Pâque? J'ai tenté de montrer comment aucune des idéologies considérées n'est capable d'intégrer *la pluralité* dans sa compréhension de l'unité ecclésiale. Je suis pour ma part convaincu que cette intégration, aujourd'hui encore, reste le défi majeur que la vie et l'ecclésiologie aient à relever.

Toutes ces considérations aident-elles à jeter un regard nouveau sur la structure présente des relations clercs/laïcs? Tel est le propos qu'il faut maintenant poursuivre.

Je prends d'abord note d'un curieux phénomène. Reflétant ce qui se produit dans les discours actuels de la hiérarchie, les *Lineamenta* ont partiellement nettoyé le vocabulaire coutumier, puisqu'il n'y est jamais fait mention des «clercs» ou du «clergé», sauf en un court passage qui parle, aussi vaguement que rapidement, d'éventuels «essais de *'cléricalisation du laïcat'* ou de *'laïcisation du clergé',* signalés par le Pape Jean-Paul II[8]». Par contre, et de bout en bout, les termes «laïcs» et «laïcat» sont surabondamment utilisés. Voilà qui, selon moi, révèle un double irrespect de la vie ecclésiale concrète. On laisse ainsi entendre, d'une part, que les prêtres, les évêques et le pape ont enfin cessé de se penser, de parler et de se comporter comme des clercs. Le moins qu'on puisse dire, c'est qu'un tel jugement est une pure vue de l'esprit. Les auteurs des *Lineamenta,* par ailleurs, donnent l'impression que le laïcat peut se définir autrement que dans ses relations avec le clergé, et j'ai bien peur qu'ils parlent alors

---

8. *Ibidem,* n° 11.

de tout sauf de l'Église telle qu'elle est encore aujourd'hui vécue. Mais il faut y aller voir de plus près.

Le clergé comme sacrement de l'unité ecclésiale

Se situant toujours en haut dans la vie de l'Église, ou poussé par les laïcs eux-mêmes à se considérer comme seul sujet de l'unité ecclésiale, le clergé continue de favoriser la perte de l'Église dans l'idéologie. Et cela, de deux manières.

1. C'est un truisme de dire que le clergé a péché par *uniformisation* de la vie. On voit jour après jour qu'il supporte encore mal les différences, et qu'il favorise des rapports où aucune place n'est laissée à l'originalité, pourtant irréductible, des personnes et des communautés. De toute évidence, il a bloqué les mouvements de l'Église. Invite-t-il aujourd'hui l'Église à vivre les passages que réclame sa situation dans l'histoire? On parle souvent d'un retard inévitable de l'Église par rapport à la marche de l'histoire humaine, en affirmant (ce qui n'est sûrement pas tout à fait faux) qu'une saine sagesse et sa longue expérience la gardent de se plier à des modes somme toute éphémères. Mais quand la sagesse prend un si long temps, des siècles parfois, pour ajuster les structures ecclésiales, on commence à soupçonner qu'il y a là-dedans autre chose que de la sagesse ou le souci d'une fidélité à l'Évangile!

Quelques illustrations, sous forme de questions, suffiront à montrer comment la place privilégiée des clercs a paralysé et paralyse concrètement les passages que l'Église, à l'invitation de l'histoire, devrait pourtant effectuer. Pourquoi a-t-il fallu si longtemps avant que la pensée catholique se délivre enfin du thomisme, d'un thomisme au demeurant assez étranger au dynamisme bouillonnant de saint Thomas? La théologie a ainsi pris un retard considérable par rapport aux langages nouveaux dans lesquels l'humanité tentait de se dire, et nous nous épuisons encore à vouloir rattraper le temps perdu. Dans un même ordre: que d'efforts et de générosité doivent être consentis, aujourd'hui, pour honorer les tâches définies au début du siècle par le Modernisme, tâches que Pie X n'a pu (ou voulu) «régler» autrement qu'en imposant aux théologiens le serment anti-moderniste. Ailleurs: combien de temps maintiendra-t-on, comme seule structure ecclésiale généralement reconnue, une paroisse qui, de toute évidence et à cause même de ses prétentions à l'exclusivité, favorise l'anonymat et l'uniformité et ne suffit plus à nourrir les désirs communautaires des croyants et des croyantes? Les Églises du Tiers-Monde sont en train de nous apprendre qu'autre chose est possible; mais on sait le prix qu'elles doivent payer pour nous en faire la démonstration, et que la chute des effectifs du clergé n'est sûrement pas indifférente aux retards enregistrés ailleurs. Autre illustration: conservera-t-on indéfiniment l'organisation présente de diocèses immenses, avec, à leur tête, un évêque que personnes et communautés voient et entendent tout à fait épisodiquement, quand des problèmes les forcent à aller le rencontrer ou que (souvent par «devoir» pastoral) il leur accorde le privilège d'une visite? Les «simples prêtres» vont-ils consentir encore longtemps à être consultés pour le choix de leur évêque selon un processus dont l'aboutissement normal fait qu'au terme ce choix leur échappe totalement? Et pour combien de temps encore les évêques et les conférences épiscopales accepteront-ils des relations avec le pape et sa curie dont ils sortent toujours perdants, dès que les enjeux ont quelque pertinence et que l'uniformité est menacée? Le comble peut-être, c'est lorsqu'on interdit a priori qu'une question soit posée, sur la discipline ecclésiastique du «célibat sacerdotal» obligatoire, par exemple; comme si on pouvait empêcher une question d'être question, et comme si la meilleure réponse était le refus d'entendre la question! Inutile d'insister. Preuve est tellement donnée, et d'une manière si constante, que les clercs vident la vie, aussi longtemps qu'ils se situent en haut dans l'Église pour l'uniformiser, ou que, cette fois à l'intérieur du clergé, les clercs les plus élevés s'organisent pour contrôler ceux du bas.

2. Je ne veux pas quitter ce champ de la situation structurelle du clergé sans dire un mot de ma grande crainte actuelle. Invitation est aujourd'hui lancée à tous et à toutes de quitter le cléricalisme pour faire exister une Église de la communion. Prêtres,

évêques et pape sont souvent les premiers à formuler ce vœu. Mais, ai-je tenté de dire, la communion présentée est souvent du rêve, un rêve aliénant puisqu'il est sans rapport avec l'état actuel de l'Église et le moment présent de son histoire. Une des perversités de cette mauvaise abstraction, c'est qu'elle laisse le champ entièrement libre pour des contrôles aussi totalitaires que ceux qui jouent dans l'imposition de l'uniformité. Et ma crainte, c'est de voir ces discours sur la communion endormir les laïcs et les communautés pendant que les clercs continueront leurs contrôles concrets. Ceux-ci ont en effet commencé d'apprendre, depuis Vatican II surtout, à quitter le domaine étroit de la messe et de la sacramentalisation, pour penser désormais leur place ecclésiale en fonction de l'*unité*. Je dirai plus loin à quel point cette orientation me semble tout à fait légitime. Mais le peu que j'ai avancé sur la cohésion concrète de l'Église aura suffi (c'est du moins ce que j'espère) à faire comprendre que l'unité ecclésiale est une réalité *complexe*: cette unité est indissociablement *communion* et *pluralité*. Voici le danger et la raison de mes craintes: *à cause même de la complexité de l'unité historique de l'Église, et en vertu de notre vieux fond de cléricalisme, certains sont déjà en train de livrer la pluralité aux laïcs, tandis qu'ils réservent aux clercs le droit et le privilège de sacramentaliser la communion.*

Voilà pourquoi je redoute tant des affirmations théologiques comme la suivante: «En relation avec l'Église où il a été choisi, le prêtre apparaît, en un sens, comme sacrement du sacerdoce des fidèles[9].» Mais pourquoi les fidèles seraient-ils impuissants à sacramentaliser eux-mêmes leur propre sacerdoce? Si d'autres en sont chargés à leur place, c'est bien qu'on les a affligés de quelque infirmité. Pour parler plus directement dans la ligne des développements précédents, je lis dans plusieurs théologies du ministère ordonné que les prêtres et les évêques sont le sacrement

---

9. J.-M. LEVASSEUR, «La spécificité du presbytérat», in *Le prêtre, hier, aujourd'hui, demain,* Montréal, Fides, 1970, pp. 371-372. Le cardinal Doepfner ne disait pas autre chose: «... ce sacerdoce de tous les fidèles trouve dans le sacerdoce ministériel son point central, sa récapitulation, son expression sacramentelle» («Le prêtre: ce qui demeure, ce qui change», *Documentation Catholique* 66 (1060), p. 714).

de l'unité de l'Église. Les communautés ne pourraient donc pas être le sacrement de l'unité de l'Église... qu'elles sont? Ces approches sont chrétiennement intolérables. Elles font en effet retomber dans la dichotomie qu'analysaient les chapitres précédents, en séparant la communion pour la confier à la garde des prêtres, des évêques et du pape. Sommes-nous condamnés à toujours reproduire les mêmes erreurs? Allons-nous mettre le vin nouveau de Vatican II dans les vieilles outres de nos structures coutumières?

Aux laïcs la pluralité

Le monde du temporel est confié en propre aux laïcs[10]. *Evangelii nuntiandi,* une exhortation apostolique de Paul VI, précise ainsi les tâches qui reviennent alors aux laïcs: «Le champ propre de leur activité évangélisatrice, c'est le monde vaste et compliqué de la politique, du social, de l'économie mais également de la culture, des sciences et des arts, de la vie internationale, des mass media ainsi que certaines autres réalités ouvertes à l'évangélisation comme sont l'amour, la famille, l'éducation des enfants et des adolescents, le travail professionnel, la souffrance[11].» Monde vaste et compliqué, en effet. On pourrait ajouter que les clercs ont beaucoup de chance de lui échapper! Mais je crains surtout le prix (et je veux dire le prix proprement *ecclésial*) que les structures présentes de l'Église font payer aux laïcs. Tout ce monde ne leur est-il pas confié pour que, pendant ce temps, la vie interne de l'Église reste sous la coupe des clercs?

En effet, tous les domaines mentionnés par Paul VI nécessitent un type d'intervention qui va très précisément à l'encontre tant de l'uniformité que des réductions idéologiques de la communion. Et cela pour une raison finalement fort simple: *tous ces domaines sont le lieu où surgit implacablement la pluralité.* Hor-

---

10. «C'est aux laïcs, affirment par exemple les *Lineamenta,* qu'il revient en particulier d'assurer la tâche de l'animation chrétienne de l'ordre temporel» (n° 30).

11. Texte repris par les *Lineamenta,* n° 24.

mis les situations d'injustice flagrante, y a-t-il jamais «un» choix politique qui s'impose comme étant «le» choix chrétien, un choix tout à fait conforme à la foi? Et encore: qui dira l'option à prendre, dans l'organisation présente de l'économie mondiale, entre le capitalisme *ou* le socialisme? Toutes les sociétés qui comportent des minorités (y en a-t-il une seule, d'ailleurs, qui n'en ait pas?) ne démontrent-elles pas que l'unanimité culturelle est possible là, et là seulement, où une majorité étouffe les minorités? La pluralité marque tout autant de son sceau la pratique des relations courtes: qu'on songe seulement aux multiples visages de l'amour, aux différences de mentalité qui rendent si difficile la tâche des parents dans l'éducation de leurs enfants, à la solitude dans la souffrance, une solitude telle qu'elle menace souvent de virer en isolement, tant se vit là une expérience tout à fait originale et difficilement communicable. Le monde (qui, encore une fois, définit la spécificité du laïcat) fait que l'Église s'écrit au pluriel. Mais sommes-nous vraiment prêts, les clercs en particulier, à écrire au pluriel l'*unité* ecclésiale?

Dès sa première partie, le texte des *Lineamenta* parle de deux «tendances qui posent des problèmes», deux tendances qui, «dans le cadre de la vocation et de la mission spécifiquement séculière des laïcs», «ne vont pas sans encourir certaines critiques». Je cite tout le passage qui traite de la première tendance: elle est la tendance

> «de laïcs qui se sont engagés dans les réalités temporelles et terrestres, mais qui y sont tellement pris par la sécularisation qu'ils en arrivent à refuser, ou tout au moins, à compromettre la relation fondamentale et absolue à la *foi,* la *foi* qui seule peut engendrer et soutenir cette 'animation chrétienne' qui doit donner vie à l'action des laïcs dans le domaine temporel. Nombreuses sont les formes de collaboration dans le domaine économique, social, politique, culturel, où les laïcs chrétiens abandonnent leur 'identité', s'appuient sur des critères et usent des méthodes étrangers à la foi; dans ces situations et d'autres semblables la 'sécularité' devient 'sécularisme'; nous sommes là en face d'une contradiction radicale avec la véritable vocation des laïcs chrétiens [12]».

---

12. *Ibidem,* n° 9.

Les *Lineamenta* critiquent ici la perte de la foi dans les limites d'un engagement temporel, et j'en suis! Mais puisque les limites du temporel (confié en propre aux laïcs) trahissent toujours l'illimité de la foi, les laïcs peuvent-ils être autre chose que des «collaborateurs» aux intentions toujours douteuses, incapables de résister au «sécularisme»? Cela fut montré plus haut. Le peu que j'ai dit sur l'unité ecclésiale permet cependant de reprendre à un autre niveau la problématique alors développée. Renvoyés au monde comme au lieu de leur responsabilité ecclésiale, et parce que ce monde est inévitablement «plusieurs», les laïcs ne sont-ils pas condamnés à toujours pervertir l'«identité» chrétienne et donc à toujours briser l'unité de l'Église?

Il y a bien «la relation fondamentale et absolue à la *foi*», cette foi définissant l'identité chrétienne. Mais cette affirmation ne fait que reporter plus loin le problème, et dévoile les véritables enjeux. *Qui dira la foi, qui définira ce que croire veut dire?* Sûrement pas les laïcs, dont le propre est cela précisément qui semble éparpiller la foi en toutes les directions. Toujours en bas, comme victimes d'un sort maléfique, les laïcs ne sont pas un sujet définisseur de la foi (et je veux dire: concrètement, dans la vie de l'Église d'aujourd'hui et malgré des affirmations contraires, sur le *sensus fidelium* par exemple). Ils continuent de recevoir passivement les définitions qui s'élaborent ailleurs, une carte d'identité dont on ne voit pas qui pourrait la conférer, sinon les prêtres, les évêques et ultimement le pape.

Je parlais d'un prix que les laïcs doivent payer quand on dit leur spécificité à partir du monde. Je reviens sur ce point dès le prochain chapitre. Mais le résultat de ce processus se donne déjà à voir: plus on confie le monde aux laïcs, plus l'Église, pendant ce temps, peut rester sous le contrôle du clergé.

3. «L'Église, c'est vous!»

Il y a peu de temps, Jean-Paul II lançait à plusieurs milliers de jeunes ce cri enthousiaste et enthousiasmant: «L'Église, c'est vous[13]!» Ce cri a sans doute jailli d'un désir sincère de remettre à tous et à toutes une Église qui n'aurait jamais dû cesser de leur appartenir; d'ailleurs, ce désir est largement partagé aujourd'hui par des évêques et des prêtres, surtout par une foule de laïcs qui continuent de garder l'Église au cœur. Pourquoi, dès lors, les difficultés que nous connaissons? Pourquoi retirer aux laïcs ce qu'on vient tout juste de leur confier, aussitôt qu'ils se mettent à honorer cette dignité et cette responsabilité fraîchement acquises? Sans doute une foule de raisons jouent-elles, mais on comprendra que, pour ma part, il en est une que je privilégie: tant le clergé que le laïcat ne peuvent donner des mains à leur désir sans se buter à une structure de rapports dont nous sommes tous héritiers et qui résiste farouchement en ceux-là mêmes, souvent, qui souhaitent la naissance d'autre chose.

Ne nous leurrons pas: c'est bien à une conversion ecclésiale et ecclésiologique que tous sont appelés. En dernière partie de ce chapitre, déjà trop long et pourtant si court, quatre points voudraient dire un peu la mesure de cette conversion. Pour chaque point j'indiquerai d'abord l'enjeu global, puis ce qu'il implique de la part des laïcs, ensuite de la part des ministres ordonnés (prêtres, évêques et pape), et, enfin, ce qu'il exige comme transformation des rapports actuels entre clergé et laïcat.

Pour une Église en genèse d'Église

La chasse à l'idéologic aura au moins montré à quel point, spontanément, nous voyons l'Église comme une réalité statique, qui ne change jamais, ne peut pas changer, ou met un temps interminable à s'adapter. Pour ma part, je crois que l'Église reprend sens en ceux et celles seulement pour qui *être Église, c'est devenir Église.* Cela est particulièrement vrai en ce qui concerne l'*unité* de l'Église, et c'est à ce niveau que je voudrais ressaisir la problématique.

---

13. Lancé au stade olympique de Montréal, pendant la visite de Jean-Paul II au Canada en 1984, ce cri semble d'ailleurs avoir surpris, tant il a fait les manchettes des journaux.

Riche d'une compétence longuement acquise, Yves Congar écrit: «Les derniers siècles nous ont légué une conception *objectiviste* et *fixiste* de l'unité. Celui qui écrit ces lignes en a été pénétré au point qu'il lui est malaisé d'en envisager une autre. Mais il le faut. Nous voyions l'unité comme un cadre existant, aux limites et aux règles définies, dans lequel il fallait demeurer, rentrer si l'on en était sorti, et se tenir en se conformant à ses normes. Le rôle de l'autorité était de préciser ces normes et de veiller à leur observation[14].» Nous retrouvons donc, cette fois à propos de l'unité ecclésiale, l'objectivisme et le chosisme des chapitres précédents. Comme quoi je n'avais peut-être pas tort d'affirmer l'extrême cohérence de notre mentalité religieuse générale. Ce qui se dégage maintenant avec plus d'évidence, c'est le *fixisme* qui a grevé tant la vie concrète que nos schèmes mentaux. J'ai tenté de dire à quel point ce fixisme empêche plus précisément la marche de l'unité ecclésiale, par uniformisation ou par un enfermement de la communion dans un appareillage idéologique sans rapport avec la vie. Si c'est bien ce que «les derniers siècles nous ont légué», quelques années ne suffiront certainement pas pour convertir les manières habituelles de dire et de faire. Mais voilà bien le défi: *passer d'une cohésion statique, fondée sur le sentiment tranquille d'une possession de la vérité, à une communion tellement donnée que l'unité de l'Église est toujours devant.*

Qu'est-ce que ce défi implique de la part des laïcs? Ils ont été habitués, pour reprendre les mots de Congar, à considérer l'Église «comme un cadre existant», une unité au tricot si serré que leur seule responsabilité en était une de «conformité» «aux normes» précisées par d'autres. Voilà, très précisément, ce qui définissait et définit encore leur statut de laïcs. Il y a un «dedans» défini avec minutie, et donc un «dehors» tout aussi évident, ce qui a l'avantage particulier de permettre à «l'autorité» des excommunications tout à fait expéditives. Se réclamant désormais d'une Église dont ils sont le sujet, les laïcs doivent apprendre (et certains le découvrent déjà) que l'Église existe uniquement là où tous et toutes, gratifiés d'une communion sans exclusive, sont en train de *faire communauté,* de *fabriquer de la communauté.*

---

14. *Ministères et communion ecclésiale,* Paris, Cerf, 1972, p. 246.

Dans ces perspectives, la seule excommunication possible n'est-elle pas celle qui reconnaît qu'une personne ou une communauté, ayant cessé d'être *genèse d'Église,* s'est elle-même exclue de l'unité ecclésiale? Voilà qui déplace singulièrement nos façons coutumières de poser une foule de questions. En particulier: le service ministériel des prêtres, des évêques et du pape me semble éclairé d'une manière nouvelle. Ils ne sont pas les maîtres absolus et tyranniques des normes, pas plus qu'ils ne sont responsables de leur application ou juges d'une orthodoxie qu'ils ont eux-mêmes et a priori définie. Ils sont là pour *servir la genèse ecclésiale des personnes et des communautés.*

De ce point de vue, il faudra bien, un jour, redonner toute son importance à un petit texte de *Ministère et vie des prêtres* qui dit la finalité du ministère ordonné, un texte que fort peu de théologiens (en fait: aucun de ceux que je connais) ne prennent soin de commenter. Quand le décret, toujours au numéro 2, inscrit les prêtres et les évêques dans la foulée du Jésus de l'histoire, il dit que leur ministère est nécessaire pour une seule et unique raison: «*ut (fideles) in unum coalescerent corpus»,* pour que les fidèles croissent et grandissent dans l'unité d'un seul corps. Pour moi, voilà comment se dessinent les voies les plus prometteuses pour l'avenir tant des ministres que de la théologie du ministère ordonné. Entre tous les points que j'aimerais soulever ici, deux intéressent plus immédiatement les nouveaux rapports que le clergé est invité à vivre avec l'Église. D'une part, ce texte permet de faire respirer la finalité du ministère ordonné, dans la mesure où prêtres, évêques et pape ne reçoivent pas un «pouvoir sur la Messe» mais, beaucoup plus largement, sont ordonnés à servir l'*unité* de l'Église, la croissance communautaire de tous et de toutes. Ce sont les personnes et les communautés, par ailleurs, qui sont le sujet du verbe «*coalescerent»* («afin que tous croissent et grandissent»), ce sont donc elles qui sont le sujet responsable de leur propre croissance. Loin d'en être le répondant premier et dernier, tous les ministres (depuis le «simple prêtre» jusqu'au pape) en sont de bons serviteurs s'ils *se dé-centrent constamment au profit de cette croissance dont tous et toutes portent la responsabilité.*

N'y a-t-il pas, dans une aussi courte phrase, de quoi révolutionner les relations usuelles entre clercs et laïcs? Gardien d'une orthodoxie uniformisante, le clergé assure ses mainmises sur les laïcs par l'absolutisation, la canonisation pourrait-on dire, de sa propre condition de sujet de l'unité ecclésiale. Un rapport radicalement nouveau se propose (il se vit déjà là où des laïcs ont quitté le laïcat) dès que la condition de sujet est remise à tous et à toutes. Tous et toutes, en effet, apprennent à s'approprier trois affirmations que le clergé avait tirées de son côté: nous *sommes* Église, nous sommes *responsables* de l'Église et de son unité, et cet être comme cette responsabilité ne se vivent pas ailleurs que dans nos *décisions humaines,* tant personnelles que collectives. Voilà ce que les trois points suivants veulent expliciter.

«*En lui, tous les chrétiens deviennent un sacerdoce saint et royal*»

Dans nos sociétés de la sur-consommation, où prime l'utilitaire, où se créent tellement de besoins artificiels qu'ils finissent par éteindre le désir, on apprend à fabriquer quelque chose en fonction des *manques.* En est-il ainsi de l'Église? Est-elle genèse d'unité à seule fin de combler un vide, parce qu'elle a besoin de tout rassembler en se répandant partout et en tous les temps? Chrétiens et chrétiennes fabriquent-ils de la communauté pour cause d'absence, pour remplir un vide et consommer enfin cela qui leur manque? En fidélité avec ce qui fut dit plus haut des fondements christologiques de l'Église, j'avance l'affirmation suivante: tous et toutes font plutôt communauté *en vertu d'un trop-plein.* La communion, en effet, leur est trop donnée pour qu'ils se satisfassent jamais de l'isolement ou de l'état présent de leur vie communautaire. Ils travaillent à grandir, à croître dans l'unité d'un seul corps, par la grâce d'une communion qui est toujours-déjà-là, fidèlement assurée car elle est accomplie dans la Pâque de Jésus Christ. Aliénation que tout cela?

Le réalisme, en effet, constate l'immense danger que font encourir aux laïcs tous ceux qui les invitent à prendre en charge l'Église. Certains laïcs devinent ce danger, qui résistent ou refusent. Mais une foule d'autres, avec naïveté souvent, soupçonnent à peine qu'ils se dirigent vers un cléricalisme encore omniprésent. Tant de personnes et de communautés y ont brulé leurs ailes! Le découragement guette, et la démission, sans parler de tout ce qui fait qu'on confond révolte et révolution. Qu'est-ce qui leur donnera le courage de rester longtemps en vie, ecclésialement vivantes? Au bout du compte, une fois détaillées des pratiques politiques qui aident à vivre en attendant qu'autre chose s'instaure (et que je n'ai pas le loisir d'expliciter ici), je ne vois qu'une seule motivation suffisante pour nourrir l'engagement, et la durée dans l'engagement: la certitude, *de foi,* qu'une communion nous prévient tous et toutes, dont nous *espérons* qu'elle sera toujours plus forte que les innombrables obstacles qui tentent de la faire mourir. «En lui, tous deviennent un sacerdoce saint et royal», affirme Vatican II (*MVP 2*). Ce texte ne conjugue pas la communion au futur; il la confesse comme une réalité présente: dans la Pâque de Jésus-Christ, «tous et toutes» deviennent «un». Sommes-nous véritablement des croyants chrétiens si ce n'est pas cela que nous croyons? Le réalisme de la foi ne ressemble peut-être pas aux réalismes dont nous tenons les définitions. Mais n'est-ce pas justement pour cela qu'il promet une véritable révolution? Individus et groupes, en un mot, ne seront pas communauté, ou cesseront vite de vouloir le devenir, sans la certitude qu'*ils le sont.* Il n'y a pas de véritable sujet qui n'ait à *devenir* ce qu'il *est* déjà.

Il faudrait longuement réfléchir sur cette dernière proposition. Je dois me contenter de suggérer l'importance capitale qu'elle revêt pour une nouvelle compréhension du ministère ordonné. La présence de la communion en toute personne et toute communauté qui confessent Jésus Christ comme Seigneur, une communion qui veut les habiter comme un trop-plein, fait que les ministres ordonnés ne peuvent pas se comporter de n'importe quelle façon dans leurs relations avec le laïcat. Si la confession dit vrai, le pape, les évêques et les prêtres vont vers les personnes et les communautés *avec la certitude d'aller à la rencontre d'une communion qui est déjà là.* Ils n'apportent pas Jésus Christ, ils ne viennent pas le donner; ils ne sont donc pas les médiateurs chosistes d'une communion qui, sans eux, aurait quitté l'Église. Ils partent à la rencontre d'une communion qui les attend dans la vie de tous et de chacun. Ils vont servir la croissance historique de ce qui est gratuitement offert, offert sans aucune exclusive. Cette perspective, ici à peine ouverte, implique une foule de transformations tant dans nos théologies du ministère ordonné que dans la façon concrète selon laquelle les ministres sont invités à gérer leur vie. N'y trouve-t-on pas, pour ne donner qu'une illustration, un critère tout à fait fondamental dans le choix des prêtres, des évêques et du pape? En effet, comment ordonner quelqu'un qui ne sait que «donner»? Le critère serait donc le suivant: ne peut être ordonné que quiconque est suffisamment *disponible* pour toujours s'apprêter à accueillir et favoriser la croissance d'une communion qui le précède lui-même, qui le précède *dans la vie* des personnes et des communautés qu'on accepte de servir.

Au fond, toute la structure ecclésiale est ici invitée à la conversion. Parce qu'elle continue aujourd'hui de favoriser la passivité des laïcs, comment les aiderait-elle à nourrir la fierté du trop-plein qui les habite et qu'ils sont? Cette fierté s'apprend, me semble-t-il, et aussi cette conscience d'un trop-plein. Tout, dans la vie ecclésiale, devrait devenir un lieu pédagogique au service de cette conscience sans laquelle la vie ecclésiale s'étiole à en mourir. Absolument tout, y compris les sacrements. Y compris aussi le ministère ordonné: personnes et communautés sont gratifiées d'une communion que personne ne peut leur dérober. C'est elles qui sont, de part en part, le véritable sujet de l'Église.

L'unité de l'Église: une unité de pluralité

Le réalisme chrétien interdit qu'on cesse jamais de confesser le trop-plein du salut. Voilà en quoi péchait l'uniformité. Tel est le péché que commettent encore aujourd'hui toutes les initiatives qui veulent imposer de force «une» manière de penser, de dire et de faire, même et surtout si, pour justifier ce totalitarisme, on se prétend gardien de la communion ecclésiale. C'est là que se trouve le péché contre l'Esprit (qui est sans doute le seul véritable péché) et non pas du côté d'engagements qui font historiquement exister la communion chrétienne. En effet, le réalisme chrétien désigne l'histoire comme seul habitat de l'Église et de sa communion. Comment, dès lors, l'unité ecclésiale pourrait-elle ne pas y rencontrer les différences et la pluralité? D'où l'urgence d'une autre conversion: *l'unité ecclésiale doit se faire unité de pluralité.*

Contraints à l'uniformité, ou bernés par des rêves de communion sans aucun rapport avec la marche de l'histoire, croyantes et croyants ont désappris, pendant des siècles, le sens d'autrui *comme autre*. Bien sûr, ils ont eu à vivre cette différence, tant elle surgit aussitôt qu'on quitte la position du spectateur pour se faire artisan de l'histoire. Ce que je veux dire, c'est que la pluralité n'était pas ecclésialement intégrée, et qu'elle n'est toujours pas valorisée dans l'Église d'aujourd'hui et la plupart de nos théologies de l'Église[15]. Faut-il se surprendre du fait que, personnellement et communautairement, nous avons tant de peine à conjuguer au pluriel l'unité ecclésiale? Mais les rapports de Jésus Christ avec l'histoire (et si c'est bien de lui que nous nous réclamons) poussent tous les croyants à apprendre le sens ecclésial de leurs irréductibles différences, en les faisant émerger, en leur permettant de se dire, mais en décidant aussi d'y loger le travail de la communion de l'Église. Défi tellement immense qu'on se pense, à certains jours, incapable de le relever. Personnes et communautés, en effet, réalisent alors comment l'unité de l'Église ne se fabrique pas dans l'histoire sans d'inévitables tensions, souvent au cœur de conflits qui font que la division et la dispersion, loin d'être un danger théorique, menacent concrètement la cohésion de l'Église.

Comment inviter les laïcs à convertir leurs rapports à l'unité ecclésiale, sans lancer la même invitation aux prêtres, aux évêques et même au pape? Ayant longuement appris qu'ils sont les possesseurs de l'unité, poussant l'orgueil jusqu'à se l'adjuger en uniformisant les Églises et l'Église, les clercs ont beau jeu d'imposer leur autorité aux laïcs: ceux-ci, diront-ils par exemple, s'entredéchirent aussitôt qu'on cesse de leur dicter «la» manière cor-

---

15. Pour une clarification de la problématique à peine esquissée ici, on me permettra de renvoyer à mon livre *Communion et pluralité dans l'Église. Pour une pratique de l'unité ecclésiale,* Héritage et Projet, 24, Montréal, Fides/Paris, Le Centurion, 1980.

recte de penser et d'agir. Mais les ministres ordonnés, dès qu'ils uniformisent, se pervertissent eux-mêmes. Ils perdent le sens de leur service, du moins tel qu'il fut affirmé à Vatican II. Le Concile ne les charge pas de substituer le statisme à la vie ou, ce qui revient au même, l'uniformité à une unité de pluralité. Il les consacre plutôt à servir la croissance, la marche de tous *vers l'unité*[16] du corps du Christ. Or, cette construction de l'Église n'est simplement pas possible, tant et aussi longtemps que chaque personne et chaque communauté n'y consacrent pas l'apport de leurs originalités. Même si cela leur semble paradoxal, contradictoire même au vu et au su de ce qu'ils ont longuement appris, les ministres ordonnés sont de bons serviteurs de l'Église lorsqu'ils servent l'émergence des originalités et une rencontre ecclésiale des différences.

Être un croyant chrétien, c'est consentir à l'invitation constante que lance Jésus Christ de se convertir à l'histoire et à ses lois. Et voilà bien pourquoi être Église, c'est faire Église; vivre la communion, c'est entrer en communication et fabriquer de la communauté. Inutile de rechercher l'Église ailleurs. Elle existe uniquement là où des personnes et des communautés, poussées par la communion, partent et repartent sans cesse à la rencontre les unes des autres. Si tel est bien le cas, les rapports clercs/laïcs ne peuvent plus être de sujet à objet, et voilà pourquoi le seul avenir de leur organisation présente est la disparition de cette organisation. Qui pourrait se substituer à chacun et à chacune dans ce travail et cette genèse, sans, du coup, bloquer le travail et la genèse, et donc faire mourir l'Église comme sacrement de Jésus Christ? En toutes les personnes et communautés se réalise une rencontre tellement amoureuse de la communion et de la pluralité que toutes sont *le* sujet de l'Église.

Décider de faire Église

L'histoire nous montre que l'Église n'a jamais été de soi. Nous voyons bien qu'elle ne va pas plus de soi aujourd'hui, et soup-

---

16. Dans le texte de *Ministère et vie des prêtres* que j'ai cité plus haut, on aura en effet noté l'emploi de l'accusatif «*in unum corpus*».

çonnons qu'il en sera toujours ainsi. Si son unité est communion *et* pluralité, ces deux pôles étant indispensables pour la bien comprendre et la bien vivre, le mariage entre la communion et la pluralité ne se consomme jamais d'une manière magique, indépendamment de la liberté humaine. Ainsi se propose une autre conversion, la plus fondamentale peut-être, qui quitte l'abstraction perverse de l'uniformité et d'une compréhension aliénante de la communion, pour situer l'unité ecclésiale *dans la décision humaine* des croyants. Pour tout dire: *l'Église n'existe tout simplement pas quand personnes et communautés ne décident pas de la faire exister.*

Certains simplismes réducteurs traduisent la fidélité de Jésus Christ en une sorte de permanence automatique, comme si l'Église pouvait durer sans que nous ayons à la recréer sans cesse. Le plus sournois de ces simplismes, c'est celui qui recourt au Nouveau Testament lui-même pour justifier la démission à laquelle (inconsciemment, faut-il espérer) il invite: on affirme alors que l'Église, de toute façon, «a les promesses de la vie éternelle...» Comment peut-on se rendre soi-même si aveugle? Et ne pas d'abord reconnaître les faits? Car c'est un fait: l'Église est tout bonnement disparue de régions (et même: d'immenses pans de continents) où elle fut jadis florissante. Rien ne garantit qu'il n'en sera pas ainsi dans le futur, beaucoup d'indices montrent même qu'elle est déjà en train de connaître ici et là d'importants effacements. Se découvrant sujet de l'Église, les laïcs apprennent (ils sont sans doute appelés à l'apprendre de plus en plus) que la communion ecclésiale ne joue pas sans eux, qu'ils ont à décider et à redécider sans cesse en sa faveur. Plus concrètement, cela veut dire que le pari de la communauté exige un investissement incessant de leur liberté responsable. Aucune communauté ne sert la rencontre chrétienne des personnes, sans que celles-ci aient à *décider* de faire communauté. Les communautés cessent d'être Église dès le moment où, cédant aux charmes illusoires d'une possession tranquille de la vérité, chacune ne *décide* plus d'aller vers les autres. La communion ecclésiale existe donc là, et là seulement, où des personnes et des communautés *décident* de la traduire en *communication* entre personnes et communautés.

C'est l'exact contraire de cette dynamique que servent les clercs quand ils uniformisent la vie. Pourquoi les «simples fidèles» décideraient-ils de se chercher les uns les autres, si certains détiennent déjà la réponse et savent le secret de l'unité? Que reste-t-il aux communautés qui les lancerait à la rencontre des différences, à communiquer avec d'autres communautés, quand chacune, grâce au prêtre ou à l'évêque, est déjà certaine qu'«ailleurs» sera identique à «ici»? Se rendant ainsi jusqu'au service du pape, on se demandera: est-il fidèle à son service, lorsqu'il se réclame du passé, ou d'un privilège dont il serait seul à jouir dans son rapport au passé, pour définir le présent et enlever ainsi aux Églises la responsabilité de décider aujourd'hui ce dont demain sera fait?

En un sens, plus les prêtres et les évêques vivront vraiment leur service, moins les personnes et les communautés seront portées à recourir à eux pour qu'ils décident à leur place. On le constate déjà là où chrétiennes et chrétiens sont en train d'inventer une nouvelle façon d'être Église: ils ne peuvent plus tolérer le totalitarisme des clercs et préfèrent assumer le risque de leurs décisions. Ils hésitent souvent, cherchent, doutent et se trompent. Et ils trouvent parfois, assez du moins pour décider de continuer. N'est-ce pas cet entêtement à constamment refaire communauté qui donne des mains à l'espérance chrétienne? À ce moment-là, la confession a cessé d'être une proclamation sans rapport avec l'histoire, parce que l'Église a enfin retrouvé son véritable sujet.

Chapitre septième

LE MONDE

Aux laïcs le monde des réalités temporelles

Nous voici parvenus au dernier élément du schéma: grâce aux *prêtres,* la *messe* accomplit une *Église* qui peut ensuite aller au *monde.* Situé en bas, tout à fait en bas, le monde n'est évidemment pas compris de n'importe quelle façon. Sur la foi des chapitres précédents, on peut déjà présumer qu'il est le terme du long mouvement déductif, exclusivement déductif, déployé depuis le début. Autant Dieu était *le sujet,* commencement absolu et absolu de commencement, autant le monde risque d'être communément perçu comme *l'objet* radical, chose passive, en totale dépendance, qui a tout à recevoir du haut, des éléments du haut.

Mais la présomption ne suffit pas. Il faut aller vérifier la validité de ce qui se laisse deviner. Dans la dynamique des relations clercs/laïcs, le monde intervient comme un élément trop déterminant pour qu'on le néglige. C'est lui, dit-on, qui est le propre des laïcs, ce qui spécifie leur place dans la logique de l'ecclésiologie traditionnelle et dans la structure concrète de l'Église d'aujourd'hui. Ils constitue donc un détour obligé pour quiconque désire clarifier la situation ecclésiale du laïcat.

Je tiens cependant à redire que l'objectif n'est pas et ne peut pas être l'élaboration d'une théologie chrétienne du monde. Je veux seulement regarder les *relations* que chrétiennes et chrétiens ont appris à vivre avec ce qu'on appelle communément «le monde[1]». C'est là que tout se joue, dans les relations mêmes; ce sont donc ces relations qui détermineront la place ou la non-place éventuelle des laïcs dans l'Église.

Deux autres précisions sont nécessaires. Parce que le monde est *le bas absolu,* je ne reprendrai pas chacun des éléments précédents mais parlerai plus globalement du *haut,* quitte à privilégier, de temps en temps et pour fin d'illustration, l'un ou l'autre des éléments situés au-dessus du monde. Je précise aussi que contrairement à la structuration des chapitres précédents, il n'y aura pas un moment explicitement consacré aux relations clercs/laïcs. La thématique du monde importe trop pour ne pas tenter de préciser au fur et à mesure le sort qui est fait à ces relations et donc le poids ecclésial réel du clergé et du laïcat.

1. Le monde dans la mentalité religieuse contemporaine

Le numéro 31 de *Lumen Gentium* confie aux laïcs «la mise en acte de toutes les virtualités chrétiennes et évangéliques cachées certes, mais déjà présentes et agissantes dans les réalités du

---

1. Je veux d'abord noter que «le monde» est une notion au contenu conceptuel très flou. À la racine du vice dont souffrent nos compréhensions, je pense, pour ma part, qu'il y a surtout une objectivation proprement simpliste. Il faudrait plutôt penser le monde comme «un *mixte* dans lequel l'homme n'est plus séparable du milieu terrestre qui le conditionne, tout en étant modelé par lui» (J.-M. AUBERT, *Pour une théologie de l'âge industriel,* Cogitatio Fidei, 59, Paris, Cerf, 1971, p. 287). Pour le propos de ce chapitre, je retiens que «le christianisme, et d'abord l'Évangile de Jean», ont donné au concept un «nouveau sens»: «le monde sera l'ensemble des créatures, par opposition au Créateur, et plus précisément ce qui dans ce cosmos soudain dégradé (mais qui l'ignore encore) éloigne le plus l'homme de l'exigence spirituelle: la sagesse du monde s'oppose à la folie de la croix, mais c'est cette dernière qui sauve; on peut être tenté par la gloire du monde, mais il est de la nature d'une telle gloire de passer... D'où le thème du séparatisme, qui prend son essor dès les débuts de la pensée chrétienne» (P.-F. MOREAU, *La philosophie,* Paris, CEPL, 1977, p. 348). Un «séparatisme» qui définit le monde «par opposition au Créateur»: voilà sans doute ce que vie et réflexion chrétiennes sont aujourd'hui invitées à convertir.

monde». Il est cependant clair que chrétiennes et chrétiens d'aujourd'hui, quand ils parlent du monde et de leurs relations à lui, ne partent pas de zéro et ne peuvent se réclamer d'une sorte de virginité qui serait la virginité des... commencements du monde! Le passé leur a appris des choses là-dessus, une mentalité s'est développée, ils sont héritiers d'une certaine vision et d'un certain type de comportements. Voilà le risque que je veux courir: nommer cet héritage encore présent. De l'*anonymat* du monde à sa perception comme *instance de culpabilisation,* tels sont les deux termes, apparemment sans rapport mais intimement liés par une certaine logique, d'un mouvement dont je dégagerai *cinq moments.*

Quand le monde est tellement tout qu'il n'est plus rien

La notion de monde baigne dans le flou conceptuel. Certains croiront que c'est là question d'intellectuels, sans importance pour «la vraie vie». Mais le flou est toujours dangereux en ce qu'il favorise une vie molle et la mollesse des engagements. La remise du monde entre les mains des laïcs n'a-t-elle pas comme conséquence inévitable, en ce qui concerne l'organisation ecclésiale, de perdre l'identité du laïcat dans le flou justement, dans une généralité sans contenu? J'avance en effet l'hypothèse suivante: *la spécificité du clergé apparaît d'autant plus évidente que celle du laïcat continue de nager dans l'imprécision.* Ce premier trait reprend en fait un petit principe aussi important que simple: dans l'histoire, quand tout est tout, tout finit par ne plus être rien. On confie *tout* aux laïcs en leur confiant le monde. Mais n'est-ce pas pour cette raison qu'ils finissent par ne plus être ecclésialement rien?

1. Je reprends d'abord *Evangelii nuntiandi,* l'exhortation de Paul VI déjà citée plus haut, en me contentant d'énumérer ce que ce texte a la générosité de confier aux laïcs[2]. Dans le domaine des relations courtes, de ce qui fabrique le tissu des pro-

---

2. Cité précédemnent, p. 162.

ches rapports que chacun doit vivre avec soi-même et avec les autres, aux laïcs reviennent l'*amour,* la *famille,* l'*éducation des enfants et des adolescents,* le *travail professionnel,* la *souffrance.* Y manque-t-il quelque chose de ce qui fait que la vie d'un homme ou d'une femme, dans l'univers de ses relations courtes, est tout bonnement une vie humaine? À cela s'ajoute le vaste domaine des relations longues. Cette fois, la spécificité du laïcat trouvera à se vivre dans le *politique,* le *social,* l'*économie* et la *culture,* les *sciences* et les *arts,* la *vie internationale* et, finalement, les *mass media.* Tel est «le monde vaste et compliqué» qui est confié aux laïcs. Tels sont les horizons vers lesquels ils sont lancés et qui, en principe, les définissent comme laïcs.

L'histoire montre que les clercs peuvent s'engager en presque tous ces secteurs: certains furent de grands artistes, d'autres ont mené ou mènent une carrière scientifique, d'autres encore travaillent aujourd'hui dans les mass media, etc. Deux exceptions cependant. La triste histoire des prêtres-ouvriers (en France surtout) et d'autres exemples plus récents montrent assez clairement que les clercs ne peuvent pas «faire de la politique». Par ailleurs, prêtres et évêques sont obligés de renoncer à deux visages de l'amour: l'amour conjugal et l'amour parental. La *politique* et le *mariage* constituent ainsi deux domaines où jouent des interdits. Il faudra s'en rappeler dans la suite de l'analyse.

Quant aux laïcs, la théorie veut que pratiquement rien de ce qui fait l'histoire ne leur échappe. Voilà qui semble conférer une noblesse et une extension remarquables à leur vie et à leurs engagements. En un sens, n'est-ce pas un peu trop? Un ami me racontait (avec beaucoup d'humour heureusement!) l'extension proprement incroyable de son engagement ecclésial. Marié, père de cinq enfants, impliqué en divers secteurs de la vie collective, il était en plus responsable de l'office diocésain de «la pastorale des laïcs». Mais le ridicule de cette responsabilité a commencé de se manifester le jour où il réalisa qu'il vivait avec une laïque, éduquait cinq petits laïcs, pratiquait le sport avec des laïcs, poursuivait avec des laïcs ses engagements socio-politiques, vivait en bref au contact constant de laïcs de toutes conditions. Avait-il, par mandat, la responsabilité pastorale de tout ce monde? Était-il envoyé à *tous,* dans *toutes* les situations de vie propres à chacun? Si le monde définit la spécificité du laïcat, une pastorale du laïcat ne devient-elle pas responsable de *tout*? Tellement de tout qu'elle n'a concrètement plus *rien* comme finalité ecclésiale précise?

2.   Aujourd'hui encore, en effet, *le monde n'est ecclésialement rien.* Voilà pourquoi *les laïcs,* définis par ce monde, *ne sont d'aucun poids réel dans l'organisation de la vie ecclésiale.* Telle est la question que mon ami, à partir de ses engagements, fut obligé de poser à l'ensemble des responsables de la pastorale diocésaine. En vertu de quoi, d'une part, pouvait-il choisir, décider, préférer aller «pastoralement» là plutôt qu'ici, lui à qui *tout* était confié? Mais aussi: que restait-il aux autres offices diocésains? Car on maintenait, bien entendu, des offices de la «liturgie», de la «pastorale familiale», de la «pastorale missionnaire», etc. *Concrètement,* ce sont ces offices qui détenaient le pouvoir de décision concernant la place des laïcs dans la liturgie, la pastorale familiale, etc. Le vrai pouvoir ecclésial concernant le laïcat se jouait là et échappait ainsi à l'office... «des laïcs» ! Les autorités compétentes prirent finalement la seule décision qui était logique, sensée: l'office du laïcat fut aboli.

3.   Cette expérience illustre une donnée ecclésiale beaucoup plus large: au plan de l'organisation, là où se prennent les vraies décisions, notre ecclésiologie confie trop *tout* aux laïcs pour qu'ils soient un agent véritable de la vie en Église[3]. Et pourquoi cette «générosité» rend-elle les laïcs si impuissants? Selon moi, c'est pour la raison suivante: *le monde n'est pas vraiment partie prenante de notre compréhension de l'Église.*

---

3. Oechslin écrit par exemple que les laïcs «sont l'immense avant-garde de l'Église, ils portent la responsabilité de sa croissance dans le monde». Mais cette immensité de leur mission est étroitement contrôlée par la médiation des clercs dont j'ai parlé dans le chapitre quatrième: le laïc, en effet, «tout en allant de l'avant au milieu du monde, demeure lié à la vérité et à la source de la vie, par sa fidélité aux chefs de l'Église» (*Une spiritualité des laïcs,* Paris, 1963, pp. 190 et 191).

Il serait éclairant de faire ici l'histoire mouvementée de l'ecclésiologie et de montrer comment, encore aujourd'hui, on intègre mal le monde dans les compréhensions de l'Église. Je me contenterai de dire ce que, durant ma courte vie, j'ai personnellement expérimenté et continue d'observer. Fut un temps, pas tellement lointain et encore présent, où les relations Église/monde étaient pensées sous le mode de l'*antagonisme,* un pôle étant par nature opposé à l'autre, l'un devant même combattre l'autre. Un tel rapport a profondément marqué la spiritualité proposée pendant mon noviciat et mon séminaire, et je suis (presque) certain que tous les adultes d'aujourd'hui, sous une forme ou sous une autre, ont connu ce type de rapport où l'Église devait «lutter contre» le monde. Puis il y a eu ce que j'appellerais la phase de *coexistence pacifique,* l'Église et le monde constituant deux pôles dont chacun devait respecter l'autonomie de l'autre. Une bonne illustration en serait, sur un plan plus théorique, le long et patient travail effectué, aux États-Unis en particulier, pour que soient séparés l'Église et l'État, celui-ci devant être respecté pour ce qu'il est sans que l'Église vienne lui dicter sa vérité. Le concile aidant, et surtout le travail des décennies qui l'ont précédé, on s'est mis à parler de *dialogue,* l'Église et le monde ayant sans doute des choses intéressantes et importantes à se dire mutuellement. Il fut ensuite théoriquement admis que l'Église est *dans* le monde, qu'elle a même intérêt à «lire les signes des temps» si elle veut faire sens et être pertinente[4]. Mais voilà: j'ai bien peur qu'on en soit toujours là! Combien admettent comme un fait et assument dans leur réflexion *la présence du monde dans l'Église.* Cette méconnaissance, l'hésitation générale à situer le monde *dans*

---

4. Voici une illustration de ce mouvement des relations Église/monde: «Après une longue tradition de protestation contre le monde moderne, puis d'isolement, l'Église du XXe siècle, depuis la dernière guerre et surtout depuis Vatican II, a opéré une véritable metanoia dans son attitude envers le monde. Conversion multiforme dans ses manifestations. De méfiante qu'elle était, l'Église est devenue accessible et accueillante. (…) Auparavant, elle prétendait donner, sans recevoir; tout savoir, sans avoir à apprendre. Aujourd'hui, elle reconnaît qu'elle reçoit et qu'elle apprend beaucoup du monde. Elle reconnaît le monde comme partenaire libre d'un dialogue ouvert» (R. LATOURELLE, *Le Christ et l'Église, signes du salut,* Montréal, Bellarmin, 1971, p. 178).

l'Église[5], n'est-elle pas la véritable cause de la plupart des maux dont souffre présentement l'Église?

En particulier, autant le monde reste en dehors de l'Église, autant les laïcs sont absents des lieux où se décide pourtant leur sort ecclésial. Dans toutes les instances décisionnelles, même celles qui traitent d'eux et de leur vie[6], sont-ils autre chose que de vagues observateurs, tout au plus des «personnes-ressources», sans réel pouvoir de décision? D'autres parlent et écrivent à leur place. À la limite, ils parlent peut-être. Peut-être aussi leur permet-on de contribuer à l'écriture. Mais voilà précisément la question: en ce qui concerne le laïcat, tout ce qu'on donne aux laïcs se fait encore, dans l'Église d'aujourd'hui, sous le mode de la permission ou de la concession. On doit malheureusement prévoir qu'il en sera ainsi pour un long temps à venir.

En un sens, j'espère que je lis mal la vie. Il m'apparaît tellement évident que le clergé a tout intérêt à continuer de donner le monde aux laïcs. Ceux-ci ont l'air de tout recevoir. Dans les faits, ecclésialement parlant, ils ne reçoivent rien, n'ont rien et ne sont rien, pendant que le clergé continue d'être tout et garde le pouvoir de tout contrôler.

Un monde qui n'est pas ce qui se situe au-dessus de lui

Le monde est donné aux laïcs comme un alibi ecclésial: en quoi pourraient-ils être le sujet de l'Église[7], quand leur est con-

---

5. Il doit être évident que je n'invite pas ici à une absorption du monde par l'Église. Mais on conviendra au moins du fait que, pour reprendre les expressions de Paul VI, l'économique, la politique, la culture, etc., jouent aussi à l'intérieur de l'Église. Cette reconnaissance me semble capitale. On entend souvent dire que clergé et laïcat doivent se redéfinir en fonction d'une commune *mission* de l'Église dans le monde. Fort bien, mais à la condition que soit d'abord perçue la présence du monde dans l'Église...

6. Où seront les laïcs au prochain synode qui traitera d'eux? Plus précisément: après avoir été largement consultés en certaines Églises, que deviendront-ils au moment où seront prises les décisions *sur* eux et *sur* leur vie?

7. On notera le passage du pluriel (les laïcs) au singulier (le sujet). Ce passage est explicitement voulu. Il indique au moins ceci: c'est la dimension

fié en propre cela qui est tenu absent de la définition de l'Église? Mais pourquoi cette tenue à distance du monde et des laïcs?

Le monde paraît bien innocent quand on se contente d'énumérer les grands champs d'activité qu'il propose, depuis l'amour personnel jusqu'à la vie internationale. Mais une autre face du monde se dessine quand on réalise à quel point, pour la vaste majorité, *il n'est pas religieusement neutre.* Ce n'est pas sans raison que, souvent et spontanément, on le dit *profane.* L'étiquette ainsi accolée qualifie déjà le monde: en lui-même, il n'est pas de l'ordre du *sacré*[8]. S'ouvre ainsi une piste sur laquelle la réflexion doit s'engager.

La généralité dont je parlais a l'air de plonger le monde dans une sorte d'anonymat religieux. La mentalité chrétienne n'a toutefois pas pris l'habitude de considérer le monde comme une réalité neutre, sans poids sur les rapports avec Dieu. Mais comme nous n'avons pas appris à le comprendre *dans* la vie de foi, et plus particulièrement *dans* la vie ecclésiale, quelle voie lui était-il laissé pour qu'il puisse sortir de l'anonymat? L'histoire le montre de tant de façons: à toutes fins utiles, le monde ne peut s'affirmer qu'en disant qu'il *n'est pas* les éléments qui, dans le schéma, le surplombent. On s'étonne du fait que le laïcat, encore aujourd'hui, ne se définit que par la négative? On a ici la raison fondamentale de ce manque de contenu positif.

En bout de parcours, le dernier élément du schéma religieux renvoie ainsi et inévitablement au premier, à Dieu. Refait en effet surface, tant cet univers religieux est cohérent, une question qui

---

communautaire de chacun et de chacune qui fait que tous et toutes sont l'Église (au singulier).

8. D'où les perceptions encore communes de la *pratique* religieuse: « Jadis, la 'pratique' religieuse se situait en marge de la vie quotidienne, c'était une chose qu'on vivait uniquement à l'Église ou chez soi à l'un ou l'autre moment de prière. (...) Souvent le monde était simplement considéré comme un tremplin pour s'élever vers une zone supérieure où il devenait possible de louer Dieu et de pratiquer la vertu. Sa signification propre n'était pas perçue. L'intérêt pour le problème de l'existence terrestre semblait uniquement réservé à ceux qui se disent incroyants » (E. SCHILLEBEECKX, *Le monde et l'Église. Approches théologiques,* Bruxelles, Cep, 1967, pp. 150-151).

a surgi dès que les images de Dieu furent interrogées. Dieu étant encore perçu comme transcendance absolue, il est essentiellement l'*illimité,* celui qui ne connaît pas de limites. Par contre, les préjugés chrétiens réduisent le monde: il est essentiellement ce qui limite nos vies, il est lieu des limites, ne serait-ce que parce qu'il disperse l'humanité dans le temps et l'espace et fait que personne ne peut être à la fois ici *et* ailleurs, aujourd'hui *et* demain. C'est donc un seul et même mouvement qui, en même temps, *absolutise* l'illimité du Dieu imaginé *et* les limites du monde. Le monde, c'est ce qui *n'est pas* Dieu.

Ainsi posé, le problème paraît exagérément théorique. Il a pourtant des incidences directes sur la conduite la plus immédiate des existences personnelles et collectives. Pour en illustrer les implications, je vais recourir à l'un des domaines où une sorte d'interdit frappe le clergé, celui de la vie mariée. On verra que la question posée est loin d'être sans rapport avec les défis les plus proches de la vie.

Personne ne peut être, en même temps, célibataire *et* marié. En admettant que célibat et mariage sont des modes possibles de présence au monde, chacun des deux modes *n'est pas tout.* En optant pour l'un *ou* pour l'autre, chacun choisit un possible mais, du coup, se crée un impossible concret. La psychologie montre les difficultés qu'il peut y avoir à effectuer ce choix fondamental. Et je ne fais pas allusion aux difficultés inhérentes au célibat comme célibat, ou au mariage comme mariage. Je ne parle que du choix *entre* le mariage et le célibat, car l'option, d'elle-même, délimite et limite. La seule observation suffit d'ailleurs à nommer ce qui est en cause: qui ne connaît pas des personnes mariées qui continuent d'agir «comme si» elles étaient encore célibataires? Qui ne connaît pas des personnes au célibat mal assumé, qui tentent de compenser un manque affectif en exigeant de leurs relations ce que seul le mariage pourrait leur fournir? Tout choix limite, et c'est sans doute pourquoi il est souvent reporté si longtemps.

La question du monde rebondit donc autrement, d'une manière que l'expérience illustre avec une constance quasi désespérante. Le monde limite nos choix. Mais comment ne pas *absolu-*

tiser son propre choix, comme s'il était le seul choix vraiment possible, paradigme auquel tous et toutes devraient se conformer? L'histoire déroule ainsi la désolante continuité d'une mentalité soupçonneuse et condamnante: à certains moments, c'est la «normalité» des célibataires qui est mise en cause, tandis qu'à d'autres, les célibataires jugeront que le mariage condamne à une vie «moins généreuse» que la leur. Il ne faut pas se cacher que soupçon et condamnation jouent d'autant plus que chacun des choix est effectué au nom de Dieu, en référence à Dieu. Comment maintenir cette référence, sans faire de «son» choix le choix «de Dieu», le choix que Dieu attend de ceux et celles qui veulent vraiment se consacrer à lui? Nul ne peut nier que cette mécanique a joué dans l'Église, par une absolutisation de la vie célibataire, par l'érection en modèles de ceux et celles qui ont choisi «l'état *de perfection*», comme on dit, la vie religieuse. Je caricature à peine en disant qu'on «permettait» le mariage aux personnes qui n'avaient pas le courage de rester célibataires. D'où les retards à reconnaître l'immense courage des gens mariés, et que les clercs célibataires, par exemple, sont loin d'avoir le monopole d'une disponibilité généreuse, comme on est encore (quelle illusion là aussi!) généralement porté à le penser.

La réflexion pourrait continuer longuement l'analyse de ce qui est ici en cause. Mais ce qui précède suffit, me semble-t-il, pour dégager trois caractères de la structure présente des relations clercs/laïcs.

1.   Les clercs étant vus comme des hommes «de Dieu», l'histoire les a assimilés à ceux et celles qui avaient choisi l'«état de perfection»; voilà qui, de toute évidence, a joué dans l'imposition du célibat religieux aux prêtres et aux évêques.

2.   Ce premier point est gros d'implications désastreuses pour la vie ecclésiale. Entre autres, le célibat clérical a aussi (peut-être surtout) appris à la foule immense des laïcs mariés à se situer, dans leurs relations avec le clergé, comme des personnes qui *ne sont pas* cela que sont les clercs célibataires. On peut élargir cette problématique: leur existence fait que les laïcs, à cause de la dévalorisation de leurs modes de vie par une valorisation excessive

des modes de vie du clergé, ont appris qu'ils *ne sont pas* ce que sont les clercs. Les difficiles relations entre mariage et célibat ne sont pas, bien sûr, la seule raison qui rende compte du fait que le laïcat *ne se définit que par la négative.* Mais l'illustration que j'ai choisie permet de constater à quel point ce problème monte effectivement de la vie, des relations concrètes que structure d'une manière précise le rapport au monde dont clercs et laïcs ont pris l'habitude.

3. Ce deuxième caractère en entraîne inévitablement un troisième: en vertu du soupçon qui se lève dès qu'on absolutise un possible aux dépens des autres possibles, les clercs se défendent mal, encore aujourd'hui, d'attitudes moralisatrices *sur* la vie conjugale et parentale. Ils ne connaissent pas l'amour conjugal et continuent de se croire des experts en ce domaine, ils n'ont pas d'enfants mais savent mieux que quiconque les enjeux de la procréation et de l'éducation.

Un monde qui ne peut s'affirmer qu'en résistant

On sait donc ce que le monde *n'est pas.* Toutefois, cette approche négative engendre des attitudes et des comportements, et même des philosophies et des théologies, qui sont profondément méprisantes pour le monde, comme on peut maintenant le mieux mesurer.

Nous n'avons guère appris à lui laisser d'autre choix: *le monde ne peut s'affirmer qu'en résistant aux éléments du haut,* à ce que la mentalité religieuse situe spontanément au-dessus de lui. Voilà la troisième perception dans laquelle la mentalité chrétienne s'est laissée entraîner: le monde, c'est ce qui *résiste* en particulier à l'Église, étant bien entendu que l'Église est alors ceux auxquels elle est identifiée, c'est-à-dire le clergé.

Tout se tenant, on comprendra pourquoi le laïcat ne sort lui-même de l'anonymat ecclésial que lorsqu'il commence à *résister* au clergé. Chrétiennes et chrétiens savent-ils seulement qu'ils sont des laïcs? Ou, s'ils le savent, quel est pour eux le contenu de ce terme? Ils se disent volontiers «croyants», «baptisés», «chrétiens». Mais ils ne prennent conscience de leur condition de laïcs que le jour où la vie les met en relation avec des clercs et les pousse à leur résister.

Pour illustrer la dynamique qui joue ici, je vais revenir cette fois à l'autre domaine qui semble interdit aux clercs, celui de l'engagement *politique*. Et je vais ressaisir la question au cœur de la crise qu'a connue l'Action Catholique, cette expérience décisive de l'Église du vingtième siècle. La crise de l'Action Catholique m'apparaît en effet exemplaire, en ce qu'elle révèle une certaine compréhension de l'Église, du monde, et surtout des rapports entre monde et Église. Elle illustre aussi le véritable statut ecclésial tant des laïcs que du clergé. Je ne crois pas, pour ma part, que nous ayons fini d'apprendre les leçons que l'Église aurait dû en tirer. Quatre points diront assez les enjeux:

1. L'Action Catholique est née de la prise de conscience suivante: les masses étaient éloignées de l'Évangile et du gage de libération que le salut chrétien propose au monde. On constatait surtout la distance prononcée du monde ouvrier, que l'Église avait perdu ou, selon certains, dans lequel l'Église n'avait jamais été présente. L'Église *mandaterait* donc des laïcs, afin qu'ils aillent porter dans le monde la Bonne Nouvelle du salut. Mais à cause de ce «mandat», les membres de l'Action Catholique se retrouvèrent assez vite déchirés entre deux fidélités.

2. D'une part, l'ecclésiologie ambiante fait que l'Église qui mandate est, en pratique, la hiérarchie. «L'intention d'associer le laïcat à la mission de l'Église, écrit Christian Duquoc, s'est trouvée en partie mise en échec par la pensée extrêmement répandue alors d'une *identité* entre la mission de l'Église et la fonction de la hiérarchie[9].» Se manifeste donc le vice dont j'ai dit plus haut qu'il continue de défigurer la mentalité chrétienne d'aujourd'hui: l'Église est *identifiée* à la hiérarchie. L'Église, *c'est* le clergé. Dans cette optique, les membres de l'Action Catholique deviennent res-

---

9. «Signification ecclésiale du laïcat», *Lumière et Vie* 65, nov.-déc. 1963, p. 86.

ponsables de l'unité ecclésiale, *mais telle qu'elle est définie par le clergé*: une unité d'*uni-formité*.

3. Par ailleurs, les mandatés veulent mordre sur la vie, changer quelque chose dans l'organisation du monde, car on les a justement envoyés pour la construction du monde. Mais plus ils s'engagent, plus ils découvrent que le monde, devenu leur monde, refuse d'entrer dans le cadre uniformisant défini par la hiérarchie. En particulier, certains chrétiennes et chrétiens adoptent des positions plus «libérales»; sur l'échiquier politique, par exemple, ils se mettent à flirter avec des partis aux philosophies jugées inacceptables par le clergé.

4. Leur fidélité au monde amène ainsi les laïos à constater comment ce monde, en politique par exemple, *résiste* à l'uniformité ecclésiale que le clergé veut imposer. Mais chemin faisant, ce sont les laïcs qui *commencent eux-mêmes à résister au clergé*. On sait la suite, et comment la crise fut résolue.

Voilà en quoi la crise de l'Action Catholique me paraît typique, révélatrice d'une mentalité encore générale. L'Église connaîtra des crises semblables tant et aussi longtemps que ne sera pas mieux clarifié le sens chrétien de ce qu'on appelle le monde. Certaines Églises, par exemple, veulent-elles instaurer des «ministères nouveaux» et «mandater» des laïcs aux fins de ces ministères? À cause de la structure présente de l'Église (et de la place qu'elle fait au monde), il est à prévoir que ces ministères aboutiront aux mêmes impasses que l'Action Catholique. Plus les laïcs tentent aujourd'hui de rejoindre le monde vers lequel la hiérarchie les envoie comme au lieu de leur spécificité ecclésiale, plus ce monde sort de l'anonymat et révèle ses lois propres. Si leur mentalité religieuse est vraiment façonnée de la manière décrite dans les chapitres précédents, comment les laïcs pourraient-ils percevoir le monde autrement que sous le mode de la résistance, résistance à tous les éléments du haut, Dieu compris? D'où surgit la seconde question, inséparable de cette première: au niveau de la vie et de l'organisation ecclésiales, les laïcs ont-ils d'autre voie pour définir leur identité que celle de leur résistance au clergé? J'observe, pour ma part, que cette loi implacable de la résistance joue partout où des laïcs ont commencé et continuent d'assumer la responsabilité de l'Église qu'ils confessent être.

Le monde comme obstacle

Chrétiennes et chrétiens ont longuement pris l'habitude de vivre des relations avec le monde comme avec «cela qui n'est pas en haut» et «cela qui résiste» aux éléments du haut, son ultime résistance jouant vis-à-vis de Dieu. Ils ont ainsi développé une conception fataliste selon laquelle le monde finit par être perçu comme l'*obstacle* qui empêche de s'élever, de quitter le bas pour entrer dans le vrai monde. Plus précisément encore, les *limites* du monde sont considérées, pour l'essentiel, comme ce qu'il faut vaincre à tout prix pour atteindre enfin Dieu, pour vraiment entrer dans la vie du Christ, dans la célébration d'une Messe, pour vivre la véritable Église de Jésus Christ. Point n'est besoin d'une démonstration longue et serrée pour dire à quel point ce quatrième trait des rapports au monde marque encore profondément les personnes et les communautés.

«Les chrétiens ont la chair triste», entend-on dire souvent. Jugement sans doute justifié, tant furent dévalorisés les besoins humains qui sont le lot de toute existence dans le monde. Surtout le besoin «d'aimer et d'être aimé», pour reprendre une expression devenue courante. Mais l'autoritarisme est impuissant à décréter la disparition des besoins, ils sont trop partie de nous-mêmes pour qu'ils puissent s'effacer sans que nous nous effacions nous-mêmes, sans que nous nous absentions de notre humanité. N'est-ce pas ce qui explique la «tristesse» à laquelle on fait allusion? À vouloir vaincre à tout prix cet obstacle que seraient les besoins, on finit par étouffer l'humanité des personnes et des communautés en tuant une réalité aussi importante que le plaisir de vivre. On produit ainsi des femmes qui sont bien «obligées d'accomplir leur devoir conjugal», des religieux et des religieuses pour lesquels leur vie communautaire n'est plus le fruit du désir mais une occasion de combler des besoins autrement frustrés, une compréhension de la fidélité pour laquelle tout ce qui importe c'est de durer, même si le désir n'est plus là pour réinventer le choix initial, etc. Faut-il se surprendre si, par un retour des choses qui n'a rien de mystérieux, notre civilisation (pourtant dite «chrétienne») s'est mise à créer artificiellement des besoins, à confondre besoin et désir, et à canoniser la satisfaction effrénée des besoins comme s'il s'agissait du surgissement intarissable du désir? À considérer le besoin comme un obstacle, on prépare inévitablement son absolutisation.

Comment vaincre cet obstacle que constitue le monde? Il y faut une intervention miraculeuse, thaumaturgique, des éléments du haut. La logique exclusivement déductive force ainsi chaque élément du haut à entretenir, avec les limites du monde, des relations proprement thaumaturgiques. Mais de telles relations s'accommodent mal du temps, des limites du temps, de ses lenteurs et de ses hésitations. Comment nourrir une tendresse amoureuse pour les limites humaines, lorsque celles-ci, dans leurs lenteurs et leurs hésitations, tardent à se plier aux interventions qui se veulent miraculeuses? La vie politique, surtout ces dernières décennies, dit ici des rapports mal résolus parce que mal posés. Une foule de chrétiens ont en effet redécouvert la nécessité de marier foi et engagement politique. Rien là que de très légitime. Sauf que beaucoup ont immédiatement transféré dans l'engagement politique l'absolu anhistorique de leurs visions de la foi. Plus précisément, leur idéalisme et leurs idéologies se sont transmués directement dans l'engagement politique, celui-ci promettant une libération des rapports collectifs à la fois rapide et durable, quasi instantanée et «une fois pour toutes»: *tout* changera, *tout de suite* et *pour tout le temps*. Malheureusement pour ces idéalistes, la vie politique a ses propres limites contraignantes, les gains mettant souvent beaucoup de temps à venir et n'étant jamais définitivement assurés. Sans doute la foi *et* la politique, dans le processus, ne furent-elles pas respectées pour elles-mêmes. Toujours est-il qu'on constate aujourd'hui les résultats de ces télescopages désastreux. Plusieurs chrétiens ont démissionné, se sont retirés dans leurs terres, les terres de leur «foi», à jamais déçus par le monde de la politique, cet obstacle trop têtu pour qu'on y dépense des énergies qui pourront tellement mieux servir ailleurs! D'autres encore, devant la résistance des obstacles rencontrés, en ont conclu que la foi est décidément de l'ordre de l'illusion, qu'elle est bien incapable, en toute hypothèse, de changer quoi que ce soit à la marche du monde. Les uns et les autres, me semble-t-il, et malgré des dénouements apparemment divergents, affirment concrètement le monde comme un *obstacle* absolu.

La mort constitue ici l'expérience-limite. Toutes sortes de spiritualités volontaristes ont appris à la vivre comme l'obstacle ultime, le dernier à vaincre avant de parvenir enfin de l'autre côté, du côté du Dieu qui est tout et se situe tout en haut. Voilà qui interroge singulièrement notre prétendue foi en la mort-résurrection comme en une réalité déjà et toujours active dans l'histoire humaine. Les méfaits du volontarisme apparaissent toutefois plus graves encore lorsqu'il pervertit les relations avec toutes ces morts anticipées que sont les souffrances et la maladie. Il faut s'acharner, bien sûr, à vaincre la souffrance et la maladie. Là n'est donc pas la question. Ce contre quoi j'en ai, ce sont toutes ces déformations de l'espérance chrétienne qui *ne* situent la lumière *qu'*au bout du tunnel, qui se contentent d'inviter à la patience et à l'endurance, quand elles n'incitent pas carrément au masochisme en poussant à rechercher la souffrance parce qu'elle serait «le signe d'un amour privilégié de Dieu!» Est-ce là tout ce que la foi chrétienne offre comme sens à la vie? Et que faire en attendant, pendant qu'on souffre et qu'on est en train de mourir? Le monde de la souffrance est-il à ce point opaque qu'il se dresse comme un obstacle insurmontable devant la vie confessée? Mais alors, peut-être faut-il en effet s'interroger sur la confession elle-même, tant il me semble anti-chrétien de ne voir dans le monde et ses limites (mort comprise) qu'un obstacle à la vie.

Tant de choses devraient être dites sur les néfastes conséquences que ces visions coutumières entraînent dans la vie des laïcs comme en celle des prêtres et des évêques. En ce qui concerne les laïcs, qui ne voit le cul-de-sac vers lequel on les dirige en avançant que le monde constitue leur élément spécifique? Peuvent-ils se vivre *eux-mêmes* (puisque ce monde les définit) autrement que comme obstacle à la vraie vie, celle du haut? Mais je veux dire aussi comment notre compréhension du monde place les clercs dans une situation dont plusieurs réalisent qu'elle est intenable et insoutenable. Ils sont, par définition, hors du monde[10]. Comment ne se verraient-ils pas et ne seraient-ils pas considérés par les laïcs comme des *modèles* de la vie chrétienne et ecclésiale? Habitués à s'installer automatiquement en haut, peuvent-ils vivre le monde autrement que sous le mode de l'obstacle? Mais comment ne se sentiraient-ils pas tout à fait démunis lorsque leur propre expérience leur apprend que le monde continue de les définir, eux aussi? Par exemple, nombreux sont ceux qui, après avoir longuement appris à se comprendre selon une sorte d'asexualité atemporelle, se retrouvent impuissants à gérer leur sexualité dès que celle-ci manifeste un peu fort son droit obstiné à l'existence. Ce modèle aux pieds d'argile tombe alors d'autant plus bas qu'on l'avait, de force, installé plus haut.

Pour revenir explicitement aux *relations* clercs/laïcs, il est évident que le laïcat est condamné à jouer le trouble-fête dans ses rapports avec le clergé. On le voit bien aux crispations et aux rejets qu'effectue l'uniformité cléricale dès que se manifeste la pluralité. Institués garants et gardiens de l'unité, mais d'une unité comprise comme uniformité[11], comment les clercs accueilleront-ils les laïcs aussitôt que ceux-ci manifesteront leur droit aux différences personnelles et communautaires? Par ailleurs, combien de laïcs préfèrent se taire plutôt que de faire entrer dans l'Église leur originalité! Personnes et communautés savent trop les tensions qu'engendrerait leur prise de parole, tensions stériles, jugent-elles, tant les clercs sauront toujours plus et mieux ce qui est bon et mauvais pour l'Église. Cette mécanique perverse joue dans la vie paroissiale et diocésaine, où prêtres et évêques ne cessent de référer, si aisément et rapidement, à leur connaissance privilégiée de ce qu'ils appellent «le bien commun» pour imposer le silence à des biens décidément trop individuels et individualistes. Mais on constate de plus en plus que Rome entre dans ce jeu aussitôt qu'une Église particulière ose manifester ses aspirations propres. Il est tellement facile de se réclamer d'une plus grande connaissance de l'Église «universelle» pour, en fait, *généraliser* et uniformiser la vie de toutes les Églises, même si

---

10. Cf. la citation que j'ai commentée dès la page 48.
11. Cf. le chapitre précédent.

les discours officiels continuent d'affirmer que chaque Église particulière réalise l'Église universelle.

Monde et culpabilité

La compréhension du monde comme obstacle introduit le cinquième trait, la dernière touche qui caractérise les relations que chrétiennes et chrétiens ont appris à vivre avec le monde: des relations *culpabilisantes*. J'ai été conduit à en parler dès qu'il fut question de Dieu, tellement nos visions théistes sont l'invitation première à nourrir cette culpabilité que j'appelais alors «pathologique[12]». En fait «le haut», tout le haut et clergé compris, invite à vivre le monde sous le mode de la culpabilité. Afin de rester à l'intérieur de limites raisonnables, je ne référerai ici qu'à la morale sexuelle dite «officielle» de l'Église, pour avancer les quatre points suivants concernant le rôle du clergé (et surtout des autorités romaines) dans la fabrication et la proposition de ce discours moral.

1. Le discours moral romain se cristallise autour de quelques points chauds, pas très nombreux, qui semblent l'obséder, comme les relations pré-maritales, le contrôle des naissances, la situation des divorcés-remariés, l'homosexualité. On pourrait reprendre chacun de ces points chauds, et montrer comment et en quoi le discours romain *engendre* de lui-même une culpabilité maladive (sans le vouloir, faut-il souhaiter). Il n'est que d'en constater les résultats, concernant l'homosexualité par exemple. Peut-être les spécialistes de la morale comprennent-ils quelque chose à la position de Rome sur l'homosexualité[13]. Malheureusement, tous les homosexuels ne sont pas des spécialistes de la morale, et beaucoup semblent tout à fait écrasés par les déclarations «officielles». Pour ma part, j'avoue que je m'y perds. Affirmant ce qui devrait être une évidence, un texte récent[14] pose d'abord

---

12. Cf. plus haut, pp. 45ss.

13. Même si on peut en douter quand on voit le sort qu'on est en train de faire au moraliste américain Charles Curran.

14. Signé par le cardinal Ratzinger et rendu public le 31 octobre 1986.

comme principe que les homosexuels ne sont pas des pécheurs du seul fait qu'ils sont homosexuels, que leur «inclinaison» n'est pas elle-même un péché. Mais je ne vois vraiment pas comment on n'aboutit pas concrètement à une négation de ce principe quand on présente l'homosexualité comme une «tendance plus ou moins forte ordonnée vers un mal moral intrinsèque», et donc que l'inclinaison elle-même doit être considérée «comme un désordre objectif». Autant les homosexuels sont déchirés dans leur vie entre une inclinaison qui n'est pas pécheresse mais le devient dès qu'elle agit, autant l'intelligence est désemparée devant la compréhension de la nature humaine que véhicule le texte romain, et ce que celui-ci présuppose comme dichotomies, entre l'être et l'agir par exemple[15].

2. Je dirai bientôt la nécessaire prise de parole des homosexuels, des divorcés-remariés, de tous ceux et celles que visent directement les textes. Mais je voudrais d'abord dégager un point, essentiel à mon propos: au-delà des paroles explicites proférées par les autorités, il est urgent d'interroger les présupposés qui sont à l'œuvre dans la *fabrication* de ces discours moraux. Sous chacun, en effet, on constate un vice qui est commun à tous: si chacun est moralisateur et culpabilisant, et si tous le sont, c'est que *la façon elle-même de «fabriquer de la morale» est moralisatrice et culpabilisante.*

On aura deviné le vice qui, selon moi, pervertit l'entreprise à sa racine: le mouvement exclusivement déductif dont je parle depuis le début de ce livre. Il est en effet frappant de constater comment ces discours se réclament toujours de la volonté de Dieu,

---

15. Voilà précisément une tâche que C. Curran propose à la théologie morale: «Moral theology has also tried to overcome the older dichotomy between the supernatural and the natural, the gospel and daily life, and the church and the world. All the dichotomies basically come from the same two-layer view of the world no longer accepted by most contemporary Catholic moral theologians. The natural order as such does not exist and never has existed. There is only one history. The gospel and God's loving gift must be related to the personal, political, social and economic circumstances in which we live» (*Transition and Tradition in Moral Theology,* Notre Dame, University of Notre Dame Press, 1979, p. 4).

ou de Jésus Christ, pour valider absolument ses propres principes et justifier les lois qui seront ensuite imposées aux autres. Les experts de l'Écriture protestent-ils contre des façons plus que douteuses selon lesquelles les autorités s'approprient certains textes bibliques? Au nom d'une compétence «supérieure», les autorités trouvent toujours (et quand même) moyen de recourir aux textes pour absolutiser la rectitude de leurs lois.

Par ailleurs, ce mode de fabrication présuppose tout autant une opacité et une résistance de ce qu'on appelle le monde, une sorte de propension qui lui serait connaturelle à trahir la volonté de Dieu dès qu'il est laissé à lui-même[16]. Quitte à avancer des positions aussi tortueuses pour l'intelligence que chrétiennement intenables, celle-ci par exemple: «Si l'on considère le monde comme tel qu'il était à l'origine, tel qu'il doit redevenir, il va de soi qu'il est la création de Dieu, qu'il est bon en soi, que nous devons l'aimer comme Dieu lui-même l'a aimé, au point de nous sacrifier pour lui. Mais si l'on considère le monde tel qu'il est devenu à la suite du péché: non point le monde tel que Dieu le voulait ni tel qu'il l'a fait, mais bien ce que nous en avons fait par notre faute, il nous faut reconnaître que le monde est devenu l'ennemi de Dieu, et pour autant notre ennemi, et qu'il doit, comme tel, être vaincu, de cette victoire dont parle encore saint Jean et qui est notre foi[17].»

3. La *proposition* du discours dit «officiel» fait également problème. Y a-t-il rien de plus frustrant que de s'entendre dire et répéter jusqu'à plus soif que ces discours sont «le» discours «de l'Église»? Cela n'est tout simplement pas vrai, dans la plupart

---

16. D'où le *soupçon* dont je disais plus haut qu'il pèse sur les laïcs (p. 148). «Que la question éthique soit celle où le bât blesse davantage les croyants, on peut le comprendre quand on se rappelle que la théologie morale de l'Église fait peser systématiquement un soupçon d'arbitraire, de subjectivisme sur le jugement de conscience de l'adulte chrétien, même dans des domaines où le clerc définiteur n'a pas d'expérience» (J. GRAND'MAISON, «Une vocation originale pour les laïcs d'ici», in *Situation et avenir du catholicisme québécois. Entre le temple et l'exil,* Montréal, Leméac, 1982, p. 182).

17. LOUIS BOUYER, *Introduction à la vie spirituelle,* Paris, Desclée, 1960, p. 189.

des cas. D'une autorité cléricale, en particulier de certaines autorités romaines? Certes. Des conférences épiscopales? Souvent, mais surtout dans les conférences épiscopales qui ont confondu collégialité et unanimité. De tous les prêtres et de tous les évêques? Évidemment pas. «De l'Église», des personnes et des communautés auxquelles les déclarations de principe ont donné l'Église? Absolument pas.

Nul ne peut nier la fonction de l'autorité dans la fabrication du discours moral chrétien. Mais on conviendra de ceci: l'autorité *servira* probablement une fabrication et une proposition libératrices du discours moral le jour où elle cessera de se prendre pour l'Église[18]. En attendant, que souhaiter d'autre sinon que toutes les personnes et toutes les communautés chrétiennes prennent leurs responsabilités pour que s'élabore une morale fidèle aux grands impératifs de la Bonne Nouvelle? Plus précisément: aura-t-on jamais des paroles libératrices tant que les personnes directement concernées n'entreront pas dans la fabrication et la proposition du discours moral de l'Église? Aussi longtemps, par exemple, que les homosexuels chrétiens seront tenus éloignés du processus qui tente de dire le sens chrétien de leur homosexualité? La même question surgit à propos de tous les autres points particuliers, comme le contrôle des naissances, le remariage des personnes divorcées, etc. «L'Église» ne tiendra probablement plus les mêmes positions quand ses discernements seront vraiment le fait de l'Église et non pas du seul clergé, de ceux qui sont restés des clercs.

4. Force est de constater que les relations entre clercs et laïcs sont aujourd'hui piégées, toujours meurtrissantes pour les uns ou pour les autres, ou pour tout le monde à la fois. Inutile d'in-

---

18. Le moraliste J.-G. Nadeau note, à propos du discours moral «officiel» de l'Église: «Il y a donc, dans cette morale, dichotomie des acteurs (eux/nous) et du réel (Bien/Mal), univocité de la communication (des connaissants aux ignorants, des clercs aux laïcs), et, chapeautant le tout, assurance divine du discours sacerdotal ou clérical» («Morale cléricale — morale laïque. Le rapport avec l'expérience dans leur discours et leur élaboration», in *Relations clercs-laïcs. Analyse d'une crise,* sous la direction de M.-M. Campbell et G. Lapointe, Cahiers d'études pastorales, 1, Montréal, Fides, 1985, p. 238).

sister, tant cela devrait avoir pris les allures d'une évidence. Dans l'organisation présente de l'Église et, faut-il préciser, là où on n'agit pas sous le mode de l'exception (quand, par exemple, on n'évoque pas une quelconque « miséricorde pastorale » qui contredit pratiquement l'absolu des lois), les clercs sont spontanément perçus comme des moralisateurs qui culpabilisent, des censeurs du monde et de la vie. Les laïcs, pour leur part, sont constamment pris au piège de relations dont ils ressortent déchirés, non parce qu'ils y ont pris une juste conscience de leurs limites humaines, mais parce que le haut les invite à vivre ces limites *sous le mode de la culpabilité.* Personne n'y gagne en vérité et en liberté; tous échappent au travail de cette vérité qui, selon l'Écriture, promet la liberté chrétienne, et donc la liberté des relations au monde.

2. Les laïcs sont l'avenir de l'Église

Autant la foi en Jésus Christ exige une conversion des images selon lesquelles nous sommes portés à penser les relations à Dieu, autant cette même foi questionne radicalement les visions spontanées du monde et des relations au monde que je viens d'évoquer. La réflexion, parvenue au terme du parcours auquel invite la structure de la mentalité chrétienne, constate ainsi les défis que lance *chacun* des éléments du schéma. Plus encore cependant, beaucoup plus: c'est *la cohérence de l'ensemble* qui est remise en cause, la structure selon laquelle sont organisés les rapports entre les différents éléments. Dieu était au point de départ, et tout le reste découlait de ce commencement absolu perçu comme absolu de commencement. Pour dire clairement ce que je pense (sans pouvoir évidemment entrer dans une réflexion explicite sur ce qui n'est qu'affirmé), la foi chrétienne confesse plutôt: en *Jésus Christ, Dieu* et *le monde* sont pour toujours parfaitement réconciliés. D'où il ressort que le premier élément de la foi chrétienne, ce n'est pas le Dieu de nos schèmes théistes, mais notre confession de Jésus Christ. Le second élément (du moins dans l'ordre de l'énonciation) c'est la *rencontre éternisée,* dans la Pâque, de Dieu et du monde. On voit que le schéma familier est déjà profondément transformé, et que, surtout, une dynamique radicalement nouvelle vient tout juste de s'annoncer. Cela suffit-il à suggérer l'énorme déplacement du monde, qui n'est plus situé en dernier comme objet éminemment passif mais intervient dès la confession de Jésus Christ?

Toutes et tous sont ici invités à une véritable conversion, une conversion dont dépend directement l'avenir ecclésial du laïcat. En ce dernier moment de la démarche, les enjeux se radicalisent. Aussi bien annoncer d'entrée de jeu mes couleurs: je ne crois pas seulement que ceux et celles qu'on appelle laïcs *ont* un avenir ecclésial; je suis plutôt certain du fait qu'*ils sont l'avenir de l'Église*. Peut-être les quatre points suivants suffiront-ils à montrer que mon affirmation n'est pas creuse, sans contenu.

Le monde est nécessaire au salut

Pour trop de gens, le monde est encore perçu comme l'ennemi à combattre, l'obstacle à vaincre si on veut enfin ne plus se sentir coupable... d'exister en ce monde. Bouyer disait plus haut: «si l'on considère le monde tel qu'il est devenu à la suite du péché: non point le monde tel que Dieu le voulait ni tel qu'il l'a fait, mais bien ce que nous en avons fait par notre faute, il nous faut reconnaître que le monde est devenu l'ennemi de Dieu, et pour autant notre ennemi, et qu'il doit, comme tel, être vaincu[19].» Ce que Dieu voulait du monde en son éternité, ayons l'humilité de reconnaître que nous n'en savons pas grand-chose. Les prétentions humaines sont ici d'autant plus perverses qu'elles accentuent la perversité présumée de la seule réalité sur laquelle nous ayons quelque prise: *notre* monde présent, ce monde dont on affirme qu'il est l'ennemi de Dieu sans doute afin de le mieux ériger comme *notre* ennemi radical. Cela posé, en effet, où chercher la vérité du monde ailleurs que «dans le cœur de Dieu», c'est-à-dire en haut, en ce qui échappe justement à la condition commune des êtres humains, fussent-ils chrétiens? Mais n'est-ce pas ce mouvement même que Jésus Christ a converti? La vérité chrétienne du monde, à la suite de Jésus et dans le passage de

---

19. Cf. la note 17 de ce chapitre.

sa mort-résurrection, doit être quêtée *dans* et *par* le monde, si tant est que le monde, mort incluse, fut pour Jésus Christ (et continue d'être pour nous) une *condition* strictement nécessaire pour que le *salut* soit *possible* dans l'histoire. D'*ennemi* à *condition de possibilité* du salut et des choses de la foi (*res fidei*), tel semble bien être le trajet de notre conversion au monde à mesure que nous nous convertissons à Jésus Christ et au visage de Dieu qu'il révèle.

Quelle est l'exigence que doivent alors rencontrer les laïcs? Une longue habitude les pousse à rechercher le salut du monde partout sauf là où le monde, de lui-même, dit les défis que les individus et les collectivités ont à relever. On s'étonnera, ensuite, de l'insignifiance humaine de la foi chrétienne! Les laïcs, recevant en propre l'«ennemi à vaincre», sortiront-ils du vide de leur statut ecclésial tant et aussi longtemps que le monde ne sera pas amoureusement lu dans ses épousailles, en Jésus Christ, avec Dieu même[20]? J'ai proprement l'air d'un extra-terrestre lorsque, parlant de l'Église à des gens mariés, je leur demande: quand vous «faites l'amour» (pour reprendre une expression familière), l'Église est-elle là et change-t-elle quelque chose à vos manières humaines de «faire l'amour[21]»? Où chercher l'Église, et Jésus Christ, et Dieu même, sinon là où la Pâque de Jésus Christ rend *historiquement possibles* la vie en Dieu et le salut, c'est-à-dire dans le monde? Je constate, pour ma part, que seuls retrouvent une certaine consistance ecclésiale les laïcs qui ont osé rapatrier ainsi leur foi, qui vivent un rapport au monde selon lequel celui-ci est la patrie (pour ainsi dire naturelle) de leur foi (sur-naturelle).

Je suis certain que les clercs sont eux aussi convoqués à une longue et difficile entreprise de conversion. Ils ont tellement appris

---

20. Est donc lancé un appel qu'entend, lui aussi, T. Rast: «Un mépris de la réalité du monde placé sous le signe d'un christianisme eschatologique futuriste n'a pas seulement été çà et là le fort des ascètes et encore plus des théoriciens de l'ascèse, mais aussi la tentation des théologiens» («L'eschatologie», in *Bilan de la théologie du XXe siècle,* Casterman, 1970, p. 514).

21. Il devrait être évident que je n'entends pas cette présence de l'Église comme l'intrusion d'une morale plus ou moins inquisitoriale. Je parle ici de cette Église que les gens mariés *sont* et doivent *devenir*.

à justifier leur type de médiation sur le fond d'un éloignement de Dieu, de son absence du monde[22]. Retrouveront-ils leur identité ecclésiale sans une première conversion (non dans un sens chronologique, bien évidemment), qui est leur propre conversion *au monde*? Je crois savoir un peu les enjeux existentiels dont cette question est grosse. J'en pointe un seul, pour moi déterminant: les prêtres et les évêques, pour trouver ou redécouvrir le sens ecclésial de leur service, doivent le rechercher dans le monde ou, plus précisément, *dans la condition mondaine de l'Église et à partir d'elle*.

L'autorité présente des clercs s'asseoit sur leur condition de sujet: installés en haut, ils sont le véritable agent des relations clercs/laïcs. Par contre, les laïcs ont dérivé vers la condition d'objet passif parce qu'ils n'ont rien d'autre, lorsqu'ils entrent en rapport avec les clercs, qu'un monde qui, du point de vue du salut, est allé échouer là où j'ai dit. N'est-ce pas un tel type de relations que Jésus Christ vient guérir à sa racine? Le mystère de sa Pâque révèle en effet qu'il ne serait pas Médiateur si n'étaient intervenues, dans l'acte de médiation, sa propre humanité et sa propre mondanéité. Pour une Église qui se réclame vraiment de Jésus Christ, la structuration présente des relations clercs/laïcs est injustifiable. Non pas d'abord parce que les uns *ou* les autres ont une place qui n'est pas digne d'eux. La raison du refus est beaucoup plus fondamentale: les rapports de Jésus Christ au monde interdisent la *relation* même qui présentement *crée* des clercs et des laïcs[23].

---

22. En dernière analyse, voilà ce qui justifiait en effet le type de médiation chosiste analysé dans le chapitre quatrième.

23. Est donc vérifiée, une fois de plus, la cohérence christologique qui unifie tant les nombreuses questions que les voies qui ouvrent une fabrication des «réponses»: «Donc ce schéma par 'en haut' (i.e. le modèle classique) a traité de l'humanité de Jésus selon un raisonnement logique qui ne tenait pas compte de la complexité de l'Écriture: il fut établi par exemple que, en vertu de ses deux natures, Jésus possède une conscience qui était limitée humainement mais illuminée par suite de sa divinité, excluant toute sorte d'ignorance et de doute, incluant même 'la vision béatifique' alors que les Évangiles n'hésitent pas de parler de l'ignorance de Jésus et de sa foi. (...) Ainsi les critiques de cette christologie *descendante,* surtout depuis Pannenberg, ne se sont pas privés de montrer que ces thèses, non seulement étaient opposées à l'Écriture en sous-estimant

L'espérance chrétienne concernant le monde

Le monde constituant donc une *condition de possibilité* du salut chrétien, nul ne peut l'accueillir de n'importe quelle façon. La foi commande une certaine lecture du monde, une lecture qui doit rompre avec nos pessimismes coutumiers. Il n'est tout simplement pas chrétien de le considérer uniquement comme résistance, obstacle, ennemi à vaincre. Sans doute doit-il être travaillé et libéré de ses limites, tant ces limites le rendent fragile entre les mains des égoïsmes individuels et collectifs. Mais comment le travailler, justement, si le préjugé de départ est qu'il n'est pas «travaillable»? Comment le transformer quand on continue de nier, concrètement et dans les faits (par nos attitudes ou notre agir), qu'il est transformable? En un mot, point ne suffit de le confesser comme condition de possibilité d'un salut qui veut être histoire; encore faut-il vivre, exister et agir dans le monde d'une manière *espérante*. Et je précise: d'une manière qui dise que l'espérance chrétienne est aussi une espérance *concernant le monde*. Moltmann fait lui aussi ressortir ce caractère de l'espérance chrétienne: «Le Dieu qui appelle et promet ne serait pas Dieu s'il n'était pas le Dieu et le Seigneur de la réalité vers laquelle mène son envoi et s'il ne pouvait procurer des possibilités réelles et objectives à son envoi. La praxis de l'envoi transformateur implique une certaine vision du monde, une confiance et une espérance concernant le monde[24].» Entendons bien qu'il y va de la nature de Dieu lui-même, tellement tout se tient. Notre Dieu n'est pas le Dieu «de Jésus Christ», ce n'est pas lui que nous vivons si, prétendant nous inscrire dans la suite de la praxis transformatrice de Jésus, nous allons vers le monde comme vers ce dont il faut se débarrasser pour entrer enfin en Dieu. Le réalisme de la foi chrétienne confesse plutôt: c'est toujours à la rencontre de Dieu que partent les personnes et les communautés lorsqu'elles se consacrent amoureusement à libérer le monde, leur monde.

---

l'humanité de Jésus, mais aussi qu'elles se donnaient au départ ce qu'il fallait montrer, à savoir la divinité de Jésus» (B. LAURET, «Christologie dogmatique», in *Initiation à la pratique de la théologie*, t.2, Paris, Cerf, 1982, p. 268).

24. *Théologie de l'espérance,* Cogitatio Fidei, 50, Paris, Cerf-Mame, 1973, p. 309.

Les laïcs sont habitués à recevoir du clergé la vérité du monde. Plus largement, ils ont appris à lire le monde uniquement à partir du haut, à partir de Dieu, du Christ, des prêtres, de la Messe, et d'une Église qui pré-posséderait la vérité du monde. D'où la mesure de leur tâche, une tâche immense, qui ne sera jamais terminée tant que le monde sera monde: ils doivent aussi *partir du monde* pour lire chacun des éléments du haut. Voilà une dimension essentielle de l'espérance. Je ne prône pas une vision magique du monde, une sorte de naïveté qui confie aux limites et au péché le soin de révéler, comme limites et péché, l'amour sans limite et parfaitement amoureux du Dieu de Jésus Christ. Je dis seulement qu'est refusée une entrée libératrice dans le mystère de Dieu, de Jésus Christ et de l'Église, à quiconque s'absente des limites et du péché lorsqu'il part à la rencontre de l'Église, de Jésus Christ et de Dieu même.

Dès lors, l'espérance chrétienne concernant le monde invite le clergé à de difficiles désappropriations. En fait, elle les exige. J'ai souvent entendu dire que les clercs, par la constance et l'insistance de leurs interventions sur la sexualité, révèlent qu'ils sont de véritables obsédés sexuels. Sans doute y a-t-il dans leurs rangs, comme partout ailleurs, des personnes qui souffrent de telles obsessions. Mais l'essentiel n'est pas là. Le cléricalisme est fondamentalement une maladie *de l'autorité*. J'espère l'avoir suffisamment montré: les clercs sont malades du pouvoir fallacieux et (il faut bien reprendre le mot) pervers que donne la pré-possession tranquille de la vérité. Que devient le clergé dès le moment où les laïcs, au nom de leur espérance, assument leur responsabilité de quêter la vérité, de la faire surgir à partir de leur propre situation dans le monde? Les clercs célibataires, par exemple, peuvent-ils continuer d'intervenir autant dans la vie des couples (aussi lourdement et massivement serait-on porté à dire), quand l'espérance chrétienne affirme que les lois de cette vie se découvrent aussi *à partir* d'une vie conjugale et parentale effective? La condition de «serviteur» peut paraître simple lorsque des textes sur le ministère ordonné l'affirment comme un principe. L'espérance chrétienne concernant le monde laisse toutefois deviner le lest qu'il faudra lâcher et, plus difficile encore, le décentrement à vivre. Le pari que sont invités à faire et à refaire constamment les ministres ordonnés, c'est qu'il y a promesse de liberté dans cette entreprise de décentrement, quand ils se désapproprient de leurs petites vérités pour que se fasse la vérité humaine des personnes et des communautés chrétiennes.

Il serait simpliste d'avancer que l'espérance chrétienne oblige à conclure: les laïcs deviendront le sujet de l'Église le jour où les clercs en seront devenus l'objet. Il y a des renversements de vapeur qui changent la route mais aboutissent finalement à la même destination. Il est toutefois évident que les laïcs n'affirmeront pas leur dignité et leur responsabilité ecclésiales sans que soit détruite, en chemin, la structure présente des rapports clercs/laïcs. Portés par une même espérance concernant le monde, tous et toutes (y compris les ministres ordonnés) communient dans une mission ecclésiale commune, qui ne connaît ni haut ni bas: sacramentaliser la puissance libératrice de la Pâque, dans un monde devenu capable, grâce à cette même Pâque, d'écrire une histoire qui soit histoire de salut.

L'amour chrétien de l'autonomie du monde

L'espérance chrétienne ne se réduit pas à une tendance plus ou moins prononcée à l'optimisme. Celui-ci est question d'hormones, d'influx nerveux, de tonus physiologique et psychologique. Tandis que l'espérance (dans son principe: Jésus Christ) n'est pas « plus » vivante chez les optimistes, et « moins » chez les pessimistes, elle ne varie pas selon les fluctuations de la psychologie personnelle ou collective. Elle se nourrit de cette certitude: le monde, la situation que le monde fait aux croyants, est une condition à *toujours* respecter pour que le salut soit historiquement possible. Comme quoi l'espérance chrétienne est tout le contraire d'une fuite hors du monde, ou de l'attente passive d'un au-delà où se vivra enfin la vraie vie. Une analogie peut ici servir: je suis toujours déjà en vie, quand je décide de donner un sens à ma vie. D'une manière semblable, la foi chrétienne confesse que le monde est toujours déjà là quand personnes et communautés se consacrent à le transformer. Et, pour ne pas nier ce qui fut établi précédemment, *il est toujours déjà là comme possible de salut.*

Ainsi, *la foi chrétienne confesse l'autonomie du monde,* plutôt que de la nier ou de la mépriser. Respecter pleinement le monde quand on y recherche le salut et pleinement la mort quand nous y quêtons la vie, tel est le chemin que reprend infatigablement le travail de l'espérance chrétienne. Comment le monde dit-il le salut? Comment la mort fabrique-t-elle la vie? Une chose est certaine: aucune réponse n'est chrétiennement valable si elle se fabrique sans un véritable amour du monde (mort comprise) *comme* monde.

Je reviens à la question de la pluralité, soulevée dans le chapitre précédent, pour au moins suggérer ce qu'implique l'autonomie du monde quand les laïcs veulent y vivre l'Église qu'ils croient. L'uniformité du cléricalisme est sécurisante en ce qu'elle délimite clairement la «forme» de chaque élément du haut, jusqu'à la définition de Dieu. Faire au monde toute sa place, respecter son autonomie, c'est d'abord reconnaître qu'*il est plusieurs.* Cette pluralité est évidente dans les relations longues, en politique par exemple, où les différences de système produisent différents types de vie en société. La pluralité est peut-être plus inquiétante encore quand on réalise à quel point elle joue en chacun et chacune. En particulier: personne ne peut se reposer en ce qu'il fut pour définir ce qu'il est et doit devenir. Cependant, la pluralité est beaucoup plus qu'un simple fait constaté. Elle *émerge de l'acte de foi lui-même* lorsque personnes et communautés, répondant aux poussées d'une même espérance en la communion universelle, respectent l'autonomie du monde, de leur monde, de leur propre situation en ce monde. Comment, dès lors, pourraient-ils dire leur foi sous le mode de l'uniformité et de l'identité? C'est la communion qui se fait «plusieurs», ne se contentant pas de tolérer les différences, mais exigeant le surgissement des originalités. En prenant sur eux de vivre l'Église, les laïcs devront donc apprendre, en même temps, qu'elle n'existe pas dans le monde sans tensions, conflits, sans que cesse jamais de menacer la dispersion des individus et des collectivités, dispersion qui serait le contraire de la communion confessée.

S'il en est ainsi, autant dire que le cléricalisme répond à des besoins de sécurité qui naissent du plus profond de chaque être.

Les laïcs en sont toujours les victimes, mais on comprend qu'ils peuvent en être aussi le meilleur de ses complices. En proposant l'uniformité, en se définissant eux-mêmes par la possession de la vérité telle qu'elle doit s'appliquer dans le monde, les clercs, à la fois, assurent leur pouvoir et rassurent momentanément les laïcs en calmant la peur de division qui risque toujours de s'emparer d'eux. Peur de mourir, qui est aussi bien une peur de vivre. Il est plus facile de s'endormir dans l'uniformité que de s'engager dans la construction d'une unité ecclésiale qui sera toujours genèse, et ne sera donc jamais une uniformité acquise dans laquelle se reposer. Mais qu'advient-il aux clercs, quand des laïcs apprennent à risquer leur vie et à vivre leurs morts? Le clergé perd le rôle d'exorciste qu'il s'était donné ou qu'on lui avait confié. Devient donc insignifiante la mission qu'il s'était octroyé de garantir l'unité de l'Église envers et contre toute menace de division. Les *clercs* y perdent tout; les *ministres ordonnés* ont cependant tout à y gagner. Il leur deviendra sans doute possible, en effet, de découvrir leur insertion dans l'Église-sacrement: ils constituent *un* sacrement particulier, *au service* d'une Église qui sacramentalise Jésus Christ dans et par son amour du monde et de l'autonomie du monde.

Décider de l'avenir de Dieu en décidant de l'avenir du monde

Tout ce qui précède ne veut pas dire que la condition croyante n'a rien à proposer au monde. Il y a bel et bien une confession chrétienne qui révèle un sens. Mais c'est justement une *confession*! Elle est portée par une certitude, sans que cette certitude puisse se dégrader en recette, réponse possédée *avant* que le monde surgisse et que surgissent, du coup, des questions dont personne n'avait l'habitude. Comme telle, la confession est irréductible à une réponse fabriquée par l'intelligence et applicable en toute situation où le monde fait question. Elle est irréductible à un savoir humain capable de répondre, de part en part, de sa philosophie du monde. En un mot comme en mille, mots de l'intelligence mais surtout mots appris de la vie vécue: croyantes et croyants ont à *quêter,* avec tous leurs frères et sœurs en humanité, le sens de liberté qui doit habiter et transformer le monde. Ils sont cependant sûrs que le Dieu de Jésus Christ les attend là où le monde est en train de devenir, et que le monde est capable de fabriquer de la vie. C'est pourquoi je dirais que leur foi est aussi, et essentiellement, question. Leur propre vérité de croyants s'élabore dans et par les réponses mondaines que, souvent dans l'obscurité, ils donnent aux appels du monde. Telle est la raison fondamentale qui donne à comprendre ceci: la certitude de foi est constamment appelée à se traduire en une *décision humaine*. Personnes et communautés ont à décider, au nom de leur foi, de l'*avenir du monde*. En étant sûres que, ce faisant, elles décident de l'*avenir de Dieu*.

Les laïcs savent bien les innombrables décisions auxquelles, jour après jour, la vie les convie. La vie de couple comme le célibat, l'éducation des enfants, les responsabilités d'une amitié, la gestion d'un budget, la conduite de la vie politique et même le choix entre une macro-organisation économique ou telle autre: tout appelle à la décision. Le problème est le suivant: la structure de la vie ecclésiale, en exilant ailleurs Dieu et les choses de la foi, ne leur a pas appris qu'en décidant ainsi de l'avenir du monde, de leur monde, ils décident aussi de l'avenir de Dieu, si c'est bien du Dieu de Jésus Christ qu'il s'agit. Aussi longtemps que l'organisation les empêchera de marier, dans leur décision, amour de Dieu et amour du monde, cette organisation favorisera des dichotomies désastreuses. Des dichotomies psychologiquement aliénantes en certains cas-limites mais toujours propices à des comportements schizophréniques: leur décision en faveur de Dieu continuera de se prendre dans un univers étranger, autre que cette terre-ci, ailleurs que dans ce monde-ci. La mort-résurrection de Jésus Christ, cette décision humaine en faveur de Dieu qui est aussi bien une décision de Dieu en faveur du monde, mérite que tous et toutes deviennent le *sujet de Dieu* lui-même là où tous et toutes se font *sujet du monde*. Peut-on imaginer plus grave responsabilité? En même temps, peut-on imaginer plus grande pauvreté de Dieu, qui continue éternellement de marier son sort dans l'histoire aux décisions individuelles et collectives, toujours limitées, que commande la situation présente du monde?

Le cléricalisme, au fond, prend prétexte de cette pauvreté de Dieu pour se substituer à Dieu. Les décisions humaines des clercs, dit le cléricalisme, *sont identiquement décisions de Dieu.* Le totalitarisme du clergé est donc plus grave qu'on est porté à le penser : il n'est rendu possible que grâce à un autre totalitarisme, qui bouche l'avenir de Dieu en bloquant l'avenir du monde. Inversement, on constate que là où des prêtres et des évêques ont renoncé à leur mainmise, ils ont véritablement servi un déblocage de la responsabilité personnelle et communautaire, un déblocage qui, pour sa part, a redonné de l'avenir à des situations mondaines souvent proches de la désespérance. En se braquant dans leurs réponses pré-définies, en s'entêtant surtout à se donner à eux-mêmes le pouvoir de dire la vérité du monde *avant* les surgissements du monde, peut-être les clercs s'assurent-ils un futur, et garantissent-ils leur place ecclésiale pour demain et après-demain. Ils sont toutefois en train de perdre l'avenir du ministère ordonné. Pourquoi personnes et communautés continueraient-elles d'accueillir les prêtres et les évêques, de donner sens à ce sacrement particulier, si le seul fruit qu'elles en retirent est une mutilation de la vie du monde ? De leur vie d'aujourd'hui, faut-il préciser, telle que la visite, en Jésus Christ, un amour qui rend toujours possible la libération du monde. Malgré ses prétentions contraires, le cléricalisme n'est pas vie, car rien ne participe à la liberté de la vie chrétienne qui ne serve la libération de la vie du monde.

* * *

«Le laïcat a-t-il un avenir?», me suis-je au fond demandé tout au long de cette démarche. Je n'aurais pas duré dans ce travail de réflexion et d'écriture si j'étais sans espérance devant cette question. Il y a au moins *cinq points* que j'espère avoir suffisamment établis. Ils fermeront ce livre. J'espère seulement qu'ils serviront l'ouverture de l'Église, sa fidélité à Jésus Christ, son amour de Dieu dans son amour du monde, cet amour infrangible qui est seul à pouvoir lui redonner sans cesse l'âge des commencements de la vie. Car voilà bien ce à quoi l'Église est appelée: «Aller de commencement en commencement, par des commencements qui n'ont pas de fin» (Grégoire de Nysse).

Les laïcs, tels que les définit leur rapport présent aux clercs, n'ont aucun avenir. Et cela pour une raison première, fondamentale: *les laïcs n'ont pas d'avenir parce qu'ils n'ont tout simplement pas de présent ecclésial.*

Le deuxième point dit bien le déplacement de question auquel j'ai voulu inviter tout au long de cette démarche: ceux et celles qu'on continue d'appeler des «laïcs» n'*ont* pas un avenir ecclésial, ils *sont* l'avenir de l'Église.

Une telle affirmation n'a cependant rien de la concession facile aux goûts du jour, ou d'une condescendance aussi méprisante qu'apparemment généreuse. Elle dit plutôt une responsabilité qui serait intenable sans le souvenir de la présence active du Seigneur. En effet, mon troisième point affirme: *l'Église et son avenir appartiennent à tous ceux et toutes celles qui, mariant dans leurs décisions l'avenir de Dieu* et *l'avenir du monde, assument véritablement leur statut de* sujet *de la vie en Église.*

Voilà en quoi les prêtres et les évêques sont eux aussi baptisés. Pour quitter le cléricalisme, ils doivent obligatoirement *réintégrer cette commune condition,* hors laquelle rien n'a de sens chrétien, par rapport à laquelle tout n'est que service.

D'où mon cinquième et dernier point: *le laïcat d'aujourd'hui n'a aucun sens chrétien,* dans la mesure où le font exister des structures cléricales qui injurient le mystère de Jésus Christ. Ces structures, pour durer, commandent une note qui ne peut ni ne doit être payée: la passivité des laïcs. Dans une Église selon la foi en Jésus Christ, il ne peut plus y avoir un sujet et un objet de la vie ecclésiale. Il n'y a plus ni clercs ni laïcs.

Table des matières

Imprimerie des Éditions Paulines
250, boul. St-François nord
Sherbrooke, Qc, J1E 2B9

Imprimé au Canada — Printed in Canada